いい男の条件

肩書きでも、年収でも、外見でもない…

What Makes the Right Man Right?
There's more than just status,
income and appearance!

ますい志保

青春出版社

まえがき

銀座「ふたご屋」のママとして一万人の政財界の方と接してきました。

誰もが知っている大企業の社長さんや、ベンチャー企業のオーナーの方、官僚をはじめとするいわゆるエリートと呼ばれる方……。

そういった方と接するうちに、逆に本当の「いい男」というのは、誰もがうらやむような肩書きとか、年収の多さだとか、ひと目で惹きつけられる外見だとか、そういったところにあるのではないということに気づきました。

そういうものは、吹けば飛ぶようなものです。

人はいいときもあれば、悪いときもあります。逆に、逆境のときにこそ輝くような魅力をたたえられる男、そういった男こそ、真にいい男だと思います。

「一万人を見てきてわかった、真にいい男の共通点を教えてください」

と多くの男性の方から言われました。

「いつもダメな男に引っかかってしまって……。いい男の見抜き方を教えてください」

と多くの女性から質問を受けます。

そういったお話をいただき、さまざまな男性や女性の表情を思い浮かべながら、この本を書き始めました。


親友たちから、また撃沈したと携帯が鳴る夜があります。

「またなの？　どうして男のお勉強ができないの？」

と笑って救いだすこともあります。

誰でも、嘘でもいいから好きだと言ってほしい夜があります。

一人で生まれてきたくせに、切実に相手のことを思って……。

でも、それぐらい、いい男に出逢いたいと思っていた親友たちを、素敵だなといつも思います。

人は出逢いと別れを繰り返しているように見える日もあります。

人は別れがあるから出逢うのだということがわかっていれば、つまずいて立ち上がることができるのです。

つき合うなら、いい男がいいに決まっています。

いい男の条件に当てはまる、いい女でいたいと思います。

ひどく難しいことのように思えますが、力を抜いて、自分のことを真剣に見つめてください。わー、がんばりすぎだ、と思うはずです。

楽しく生きるためには、いい男選びが大切です。

女は、実は、こんなところを見ていますって内緒話も書きました。

とってもいい人生だったと後で振り返ることができるために、そして生きていくことがもっと楽しくなれるように。

またいつか、私もどこかでいい男に巡り合いたいものです。

そんな旅の途中からの思いが伝わってくれたらうれしく思います。

何ごともあきらめないことで、すべてが始まるのです。

この本を執筆している途中に、ガンの宣告を受けました。子宮体ガン。手術をしなければ、余命半年と言われ、手術をしたのが六月三日のことです。お陰様で、無事成功し、今は、前向きに生きるためリハビリに励む毎日です。

この三ヵ月の間に、私は、あらためて、人との出逢いのすばらしさを知ったように思います。過去も、未来もない。今、この瞬間を、いろいろな人と一緒に生きている。幸福の本当の意味を知ったように思います。正直に言えば、もうこの本が、世の中に出ることはないかもしれないと、ちょっとだけ弱気になった夜もありました。そんないきさつの末、こうして皆様に手にとってもらえて胸がいっぱいです。

男性の方にも女性の方にも喜んで読んでもらえるよう工夫したつもりです。この本を読んで少しでも多くの人に元気を持っていただければと思います。そして私も必ず元気になって、再び銀座「ふたご屋」に戻りたいと思っています。

ますい志保

二〇〇三年九月吉日

いい男の条件——目次

第1章 いい男には、潔さがある 15

第3章 いい男は、全てに愛情を注ぐ

第4章 いい男は、稼ぎ方を知っている

第5章 いい男には、いい親友がいる …… 125

第6章 いい男は、どん底で力を発揮する

第7章 いい男は、いい女でつくられる……173

著者写真 蘆田 剛

第1章
いい男には、潔さがある

What Makes the Right Man Right?

1　逆境を輝きに変える男の器

どんないい男にも、イヤなことが一日に一つや二つあります。

でも、そのピンチをチャンスに変える器が、いい男にはあるのです。

度量という器があります。他人の言動を受け入れる心の広さです。受け入れたフリでもいいのです。目くじらを立てないことです。

他人に当たったり、部下に当たらないことです。

老子に「大器晩成」という言葉があるように、今はダメな奴でも、後になって実力を付けてやってきて、やがて自分さえも追い抜いていく大人物となる場合もあります。

最初から人を値踏みしてはならないのです。

人を値踏みする人は逆に自分も値踏みをされてしまうのです。

人気者は、人を不愉快にさせる、くだらない愚痴を言わないものです。

顔で笑って心で泣く、笑顔の向こう側に自分を信じる力を持っている男こそ、どんな職業も「人気商売」だと割り切ることができるのです。

感謝の気持ちをいつも持っていれば、自分の周りにはいい人たちが集まってきます。

しかし、裏表のある人には、残念ながら同じタイプの人間しか集まってこないのです。

人気商売だと自分を割り切る上で一番大切なことは、自分を責めないことだと思います。

もし、お金や人間関係を失っても、それがどんなに大金でも、神様が私に預けておくのはやめて、よそに預け替えようとしただけだと思うことが大切です。

最初から自分が持っていたのではなくて、人は皆、裸で生まれてきたことを忘れなければ、どんなに大きく転んでも、アスファルトの隙間に咲く花の強さに感激して、きっとまた立ち上がることができるのです。

いい男は、傷つき、その試練を乗り越えてきたからこそ、人に対して柔軟になれて、人気がさらに上昇するのです。

たとえお先真っ暗でも、「大丈夫」って自分にささやきながら、美しく立とうとする自分に惚れることが大切なのです。

美しさは手のひらの中に、ほら、あなた自身がすでに持っています。

人に当たらずにそっと自分のお気に入りポイントを持つことも、いい男は知っています。

超お気に入りポイントを持つことも、生き上手になる上で大切なことです。

そこにさえ行けば、たどり着いただけで気持ちがチェンジできる、そんな自分だけの場所を見つけだしている男は、いつも上手に心のガス抜きができています。

もうダメだー、と思ったら、私は土曜日の午後に、ボストンバッグ一つ持って、一人で羽田に向かいます。

私のお気に入りチェンジマインドポイントは、羽田から約一時間の南紀白浜です。

がっちり固まった砂糖の心の私を、ロイヤルミルクティーの中に入れてくれる、そんな大自然の場所なのです。

実は、ここは、いつも人に対して笑顔で機嫌がいい男性から教えてもらった場所なのです。

飛行機の窓からエメラルドの海が見えてきたら、気持ちがだんだんとろけていくような、不思議なふわふわした気持ちになれます。

白浜の海の目の前の小綺麗な国民宿舎なら一泊数千円ですが、私はがんばった自分へのご褒美に海岸の一番先に位置するホテルシーモアに宿をとります。

二食付きで一泊一万八〇〇〇円。海岸に沿った梅樽の露天風呂が並び、松の間から寄せては返す太平洋の波の音を聞きながら、ゆっくりと自然に抱かれることで、時が止まってしまったような気持ちになれるのです。

ここは温泉パラダイスなのです。

ホテルにチェックインしたら、タオルを一本持って、町営指定の文化財の崎《さき》の湯温泉に向かいます。

海の中にあるこの無料の露天風呂は、波のしぶきを浴びながら、柔らかい日差しのもとで私の鼻先をくすぐって大自然に誘《いざな》ってくれます。

コンクリートのビルの中の人込みから抜け出して、すっかり斜めになった機嫌を直してあげると約束してくれるこの場所は、私にとって最高の場所なのです。

ここは日本なの？　迷宮への入り口の始まりです。

日本書紀や万葉集に出てくるこの温泉は、数千年も前から存在するのに、流れ星のように、この時代にほんの少しいるだけの私も迎えてくれます。

私が誰か知らないくせに、私を包んでくれる、そんな自然の強さに感謝する私を潮風がさらってくれるような、そんな場所です。

ひと風呂浴びたら、私は体を洗いに、今度はホテルの前からビーチと反対側の白浜警察前の長生《ちょうせい》の湯温泉に向かいます。

北鎌倉育ちの私は、山の中にいるような、そんな気にさせてくれるここの露天風呂が大好きです。

備長炭《びんちょうたん》でつくった露天風呂につかり、小鳥のさえずりを聞きながら、生い茂った木々に抱かれて、四季の調べにとけ込んでいくことができます。

木漏れ日が柔らかく私に降り注ぎ、流れる雲を見ながら自分に言い聞かせます。

私は大丈夫だと、生まれ変わった自分に気がつきはじめます。

来てよかったと、雑踏に踏まれて折れた自分が再び息づいてきます。

日曜日の朝にはすっかりご機嫌で、朝から温泉につかって、浜辺で波のオーケストラをバックに、海辺の椰子《やし》の木の下でお昼寝をして、午後の便で夜の東京に戻ります。

都会で生きることに不器用な私は、何事もなかったような、温泉で磨きがかかった笑顔で、ただいま、とアパートの鍵を開けます。

あんなに冷たかった部屋も東京も、この夜の帳《とぼり》も自分の味方になってくれていて、そう思える夜には、かなわないかもしれないけれど、明日の夢を見ることができます。

できる男は、どんな商売も人気商売だと知っているから、自分を殺してしまうようなことなんかしないのです。

たとえ深く傷ついても、思い迷った夜が続いても、何度も立ち直れるのです。

自然をいっぱい吸い込んで、櫂《かい》を失った船乗りのような人生を、波に流されながらも日々を懸命に消化することで、人は自分の強さも弱さも好きになれるのです。

誰が悪いわけでもなくて、結果オーライだと自分自身の勇気に気がつきはじめます。

いい男は知っています。

何かを誰かにこぼすこともせずに、すべてを飲み込んでいく強さが人気の秘訣だと。

すべてが波に流されて、新しい自分にもう一度なれる気がするのです。

そこに誰がいてくれなくても、明日に旅立つことができます。

できる男は、ダメな男だって気づかれないように、自分でこっそり心のメンテナンスをすることが上手《うま》いだけなのです。

メンテナンスがすんだら、なんだかとっても肩の力が抜けて、穏やかな笑顔が訪れるのです。

それは、誰かがもたらしたものでもなければ、高級ブティックで売っているものでもありません。

誰でも自分の心の中に持っている、なかなか上手く開かない宝石箱の蓋を、そっと開くことです。そこには必ず素敵な笑顔がありますから。

2　一緒にいて気持ちいい人

人気者は、一緒にいて相手を心地よくさせてくれる〝サムシング〟を持っています。

だから、みんなが周りに集まってくるのです。

いい男は、一緒にいて単純に心地がいいのです。

本当は誰だって、朝食に胃薬が必要なくらい神経がすり減って、気持ちがへこんでしまうときがあるはずなのです。

でも、それを言葉にしないこと。言葉に出すと、自分ばかりか、相手までも不愉快にさせてしまいます。自分はもとより、相手までも気分よくさせてしまえる前向きな心のモチベーションがある男は強いのです。

誰だって落ち込むことがあります。

そんなときに誰かに逢わないといけなくなったら、自分自身のファンクラブの会長に納まることが大切だと思うのです。

私は自分が好き。不器用で、怖がりで、それでいて強がりで……。そんな自分思いの自分になることで初めて〝一緒にいて気持ちがいい〟と思わせることができるのです。

それは決して妥協することではなくて、相手を思いやる気持ちだと思うのです。

己《おのれ》に厳しくと言っても、限度があります。

ここ一番は大切だけれど、酸化してボロボロになった海辺のバルコニーでは長丁場は務まりません。

メンタルヘルスケアが上手にできる男は強いのです。

人が生活していくためには、社会的、心理的圧力がかかってきます。

不安に対する心の安全保障ができるのが、いい男の典型なのです。

一緒にいて、自分に安心感を与えてくれて、固くなった体をリラックスさせてくれる男こそ、一緒にいて理想的なのです。

そばにいてくれるだけで、癒しの旅に誘《いざな》ってくれる男が、今の時代には必要とされています。

自分ばかりではなく、相手の心まで癒せる男。そんな気持ちよさを与えてくれる男性が人気者になります。

こうした男は、ストレスの発散が上手いのです。

騒音や悪寒のような物理的ストレスからくる怒りや不安のような情動に対して、自己のストレス発散能力が高いのです。

人は誰でも同じような環境に立たされます。そんなときに、人に当たらず、自分を責めず、ちょっと一人になったときに、冷静になって、心の緊張をほぐしてあげてください。

自分が燃えつきるまでがんばる必要はないのです。

そして何かに依存することなく冷静に生き抜くことで、一緒にいて気持ちがいいと思わせることができるのです。

席をご一緒させていただくだけで、人生の重みを感じさせる男性がいます。

人として、人生とはと、先を歩まれた方だけが話せる内容があります。

ある紳士は、私にこう言いました。

「自分は兄弟二人で四国から出てきて、この分野で世界一になれた。しかし、その前に、京都で一番で、日本で一番になって、世界一になったんだ。だから僕は君の気持ちがわかるんだ」と。

彼の周りには、信者とも言える、財界経営者の紳士たちが、いつもたくさん集まってきました。パーティーのときは、彼から何かを学ぼうとする紳士方で、いつも人垣ができるほどです。彼のことを、尊敬の念を込めて「財界の生きている孔子」と呼ぶ方もいるくらいです。

3　いい男に出逢える、いい女の条件

なんでもすぐに表情に出してしまう人が多くなりました。

それだけストレスが現代人に深刻な影響を及ぼしているのかもしれません。すぐ怒り出す人は、上手に人間関係を保つことができません。

それだけ、人が自分の周りから去って行く結果になってしまいます。

ビタミンCが足りないのではと、口にライチでもぶっ込んであげたくなる〝ウルトラ勘弁〟な男がいます。

私はそんな男性とおつき合いして悩んでいる女の子に相談を持ちかけられると、

「冗談でしょ。今が一番ルンルンのときなんだから、そんな男、捨てちゃいなさい」

とはっきり言っています。

いつまで悩んでいてもダメ、嘘でもいいから好きだと言ってくれる、いい男といたほうが人生はもっと楽しいはずだとアドバイスします。

不幸好きになってはダメだということなのです。

うんと遊んで、恋をして、自分を本当に大切にしてくれる相手にたどり着くまで、転んだって、つまずいたっていいじゃない、と思うのです。

この人が最後だと依存症になってはいけません。自分の力を最後まで信じることです。

人は別れるために出逢います。

その出逢いが一生ものなら最高ですが、かりに違ったとしても、自分を責めることはないのです。

すぐ怒ったり、文句を言ったりする男なんて、勘弁だよと、自分に自信を持ってほしいのです。

夢が持てなくなるくらい落ち込んでしまうことが、私にもあります。

そんなとき、私はよく寄り道をします。

かわいいブティックをのぞいたり、ピアノの楽譜を求めたり……。たわいもない会話から膨らむ世界が私をリラックスさせてくれます。

話はそれますが、小学校時代の私は、「まっすぐ帰りなさい」と先生に言われても寄り道をして帰りました。それくらい修復不可能な、すさんだ家庭環境でした。

兄の家庭内暴力に両親は歯止めがかけられず、預けられた祖母の家から、さらに近くの親戚の家に預けられました。

そこで初めて、叔母様から、おはじきや折り紙を与えられました。初めて甘えさせてくれた叔母様にいただいたおもちゃに、妹とともに夢中になりました。

ただ、その家は、鎌倉の防空壕跡のトンネルを越えて行かなければならない場所にありました。

悲鳴でも聞こえたら、張り裂けそうなくらい怖くて、いつも緊張して通った道でした。

地元の人でも深夜は一人ではイヤだという暗くて怖いトンネルを、妹と何度も歩いて帰りました。

でも、ピンと張りつめた緊張から解放してくれる家庭のやさしさが、そのトンネルの向こうにありました。

あのときのおはじきはもうないけれど、心の中で、今でも永遠にカチン、カチンと鳴り続けて、おはじきをはじいた指が懐かしくなります。

〝自分のスピード〟で生きていくことで、人はもっと楽に呼吸ができるはずなのです。

すぐ怒る人といつまでも辛抱して一緒にいる必要なんてありません。

自分らしさを失ってまで生きていこうとしないでください。無理に無理を重ねた心の代償は、自分が背負うしかありません。そして、その傷を癒せるのは自分自身なのです。

いい男探しをしたいのなら、いい女になることが一番だと思います。

それは決して育ちがいいとか、学歴があるとかではなく、品のよさが決め手になるのです。

4 体と心を上手に休める

いるんですよね、人を召使いのように使う人って。相手が自分よりも格下だと見れば、とたんに番号で呼ぶ子牛のように、その人に対しても偉ぶる人間が。

私の場合、ゴルフが好きなので、半日かけた18ホールのゴルフ場で、その人の人間性を見破ることができます。

キャディーさんにクラブを取ってもらうのに、「おい、5番持ってこい」などと、部下でもないのに命令する人なんて、もちろん、こちらからお断りです。

また、途中の休憩の茶店でキャディーさんに一応、心付けなんかするのですが、偉そうにして……そこがまたイヤになるんですよね。

しかし、現実にこんな上司や先生についてしまった場合、自分に対してちょっと甘くすることで生き上手になることができます。

神経がすり減ったままの自分では、体調不良で、いつか倒れてしまいます。

大腸ポリープを取るぐらいすれすれまで働いてしまったら、その自分のすり減った心のクッションにまた新しい空気を入れることによって、再び歩きはじめることができるのです。

私も頭にくるくらい偉そうにしていた人たちでカリカリしてしまうことがあります。

そんなときは、いったんすべてを忘れて、いい男に出逢うための一つのステップだと思うことにしています。

そうしたら、怒りのあまり止まっていた心の振り子が動きはじめました。このとき、体を休めることとの大切さを知りました。

自分で自分の心と体に、ご褒美の休憩をあげる。

自分を甘やかしてくれるのも自分だけ。だから、「今夜はそっとおやすみ」と自分に言い聞かせるのです。

誰だって、偉そうな人のそばになんか行きたくないもの。

自然にいい男が集まってくるように、いい男になれるようにがんばりたいものです。

だから私は自分で自分の手綱《たづな》を時々そっとゆるめます。

5 〝計算〟ずくの関係、〝夢〟のある関係

この世の中、男が出世するための武器は、やはり学歴だったり、家柄だったりします。

最初から燦然《さんぜん》と輝く黄金色の星の下《もと》に生まれてきた男性は、小さいときから帝王学を学んでいるので、非常に紳士的で素敵です。

また、決して裕福な星の下《もと》に生まれなかったにもかかわらず、いい男として銀座でお見かけする人もいます。

二〇代で苦労して、努力して店頭公開を果たし、さらに最短コースで一部上場企業

まで持っていった男性の後ろ姿には、ある種のオーラがあります。

産んでくれてありがとう、育ててくれなくてありがとう。悲惨な環境下から生まれ出てきて成功した男性の誰もが、必ずこう言います。

そうした苦労人とも言える人たちの店頭公開記念パーティーに呼んでいただいたことがありますが、普通なら男泣きするところを、ある方は最後まで泣かれませんでした。

東京証券取引所の電光掲示板に、初めて自分の会社名が出た瞬間に男泣きする時代がありました。

今の時代、いい男はすでにその先の夢を見ているのだと思います。

そうした方の中に、株式を店頭公開した日に、ふたご屋の一軒を貸し切りにして、そこに友人に訪ねて来てもらえるようにした男性がいました。

彼が私に打ち明けました。

「実は五年前に君に逢ったとき、僕はまだ資金繰りに苦労していて、何度も死を覚悟した。そんな夜に、いつもこのお店に来たんだ」

この人にも、あのとき、死にたい夜があったのだと知ってびっくりしました。

そんなことを微塵《みじん》も感じさせない方でした。

例えば、ある最短コースで一部上場を果たした、居酒屋チェーンを展開するW株式会社という会社のWさんは、私と同じ大学だというご縁で、いろいろ教えていただくことが多い立派な方です。私もそうですが、この方も、貧しい簡易宿泊所が並ぶ横浜の寿町にもいたことがあるそうです。

フランチャイズの居酒屋を出店するお金を貯めるために、佐川急便で配達の仕事をしながら、最初から己《おのれ》を知り、経営者はみな孤独だとがんばり抜いた立志伝中の人物です。

しかしお逢いしてみると、気さくで、とてもそんな苦労をした方だと思えないくらい素敵な笑顔と、少年のような瞳をお持ちです。

そして、有名な話ですが、ここの会社のミーティングは、朝六時からなのです。たった一人で歩いてきた道は大変なものだったに違いありません。それを微塵も感じさせない器の大きさ。そして、今は恵まれない子どもたちへの社会還元にも力を入れておられます。

独りぼっちとも言えるいい男は、誰でも孤独と焦燥感を持っています。

回り道をして、つまずいて、転んで、やっと自分の勇気に気づいて立ち上がるのです。

幸運の女神が微笑《ほほえ》むいい男の条件は、ダイヤモンドでも金貨でもなく、生きる強さを持っていることなのです。

それにかかった時間なんて、気にしなくてもいいのです。

中学しか出ていなくても総理大臣になった方もいるくらいです。よく生きてきた、自分なら大丈夫だと自分に言い聞かせる男に、幸運の女神がやってくるのです。

お金では買えない苦労を、「あれはいい経験だった」と話せる人は素敵です。

しかし、いい男をつかむいい女は、必ずしもいいお家柄ばかりでもないという現実を、銀座でずいぶん見てきました。

ふたご屋でも、何人かの女性が売れっ子のクリエイティブな仕事の男性と結ばれたり、財界人に嫁いで行きました。

打算抜きで、彼女たちはいい男につくしたのだと思います。

計算ずくの恋愛ではなかったからこそ、新鮮な気持ちでお相手に飛び込んで行けたのだと思います。

男性も女性も、潔い人が結果として電撃的ないい関係を築き上げるのだと思います。

この人と結婚したら、一生お手伝いさんをつけてもらって優雅に暮らせるとか、いろいろ考えはあると思います。

しかし、人生はいいときばかりではありません。悪い時期でも、ともによりそってくれる人を選ぶべきなのです。

それは、女性にも男性にも言えることだと思います。

銀座ママの世間のイメージは、したたかで、美しいといったところでしょうか。

しかし、本音を言えば、銀座のクラブのオーナーママで、パトロンなしでゴージャスな暮らしなんて、どこにあるのでしょうか？

銀座のママは体内時計と反対の生活をしなければなりません。

深夜に、お腹がすいて、美容にはよくないと知りながら、つい食べてしまうものです。

もちろん私自身、ダイエットなんて大嫌いです。なにせ空腹を抱えて、食べたくても食べられない時代もあったぐらいですから。

ナチュラルモードでいいと思います。

6 「さりげなく生きている」ように見せる人

いい男は、笑顔が素敵です。

そのこぼれる白い歯は、どこからくる自信なのかを考えてみてください。

例えば、エリートとか、キャリア組などといった、いい男と呼ばれている人たちの中には、権力を振りかざしているにすぎない人がいます。

すでに天下り先まで確保できている椅子に座っている人は、強そうに見えるだけです。

そうした人たちは、新幹線で言えば、同じ目的地の大阪に行くのに、のぞみのグリーン席が用意されています。

しかし、こだまやひかりの自由席でも、大阪に行くことはできます。

もっとゆっくり景色が眺められて、いろんな駅にとまって、さまざまなお弁当を食べながら旅を続けるのも素敵なことだと思うようになりました。

決して遠回りではなくて、結果として経験が積み重なっていくのだと思います。

それが自分の強みになるのだと思います。

いい男がさりげなく生きているように見せる努力は、本当は大変なものなのです。

強風に当たった者だけが、その強風への対処の仕方がわかるのです。

いつも笑っていられる男の余裕は、持って生まれたものではなく、自分でつかんだものなのです。

7 ある日、突然、仕事につまずく男の共通点

周りが見えなくなるくらい仕事だけに生きる男が、なぜ失敗してしまうのでしょうか？

今、自分はどのあたりにいるのか、周りを見てみないとわからないものです。人は誰でも、自分を過大に評価してしまう傾向にあります。できる男なら、なおさらです。

名選手が名監督になるとは限らないのです。とくに仕事ばかりの男は、自分の周りにイエスマンばかりを置きがちなのです。

これは事業の拡大路線に走ってしまう経営者たちに共通することなのです。撤退する勇気が必要なこともあります。それが欠けていると決断の遅れにつながってしまうのです。

いろんな見識を広げて、初めてわかる世界もあります。遊びから仕事のヒントを得ることもあるでしょう。

会社の中は自分と同じ高レベルの人たちだけではないと知った男は本物です。相手の気持ちを考えられる人間性が必要とされるのです。

できない男の痛みがわかれば、できない人に対して理解に苦しむこともなく、その人に任せられる範囲のことしか頼まない器を持つ男になれるのです。

ゆとりを持って仕事を楽しめるいい男が、圧倒的な信頼を得られるのです。

周りを見回す力、それで自分をわかってもらえるのだと相手に気づかせられたら、その人はもっと大きい力を出してがんばることができるのです。

遊び心を持つこと、そして相手を信用して任せることができた人ほど、いい結果を生んでいくのです。

遊びも仕事も一生懸命な人は、頭の中に引き出しがいくつもできていきます。

ときには流されていくような状況に陥っても、自分がしっかりしていれば、事業は必ず無理をすることなく成功していきます。

仕事ばかりが人生でもないのです。

8 覚悟を決めた男の笑顔は違う

どんないい男にも、破れた夢が星屑《ほしくず》の数だけひしめいているのだと思います。

銀座でたくさんのいい男たちに出逢いました。

自分は本物なのだろうか？　自分はどこまで行けるのか？　と、本当は自分が何かにいつも試されていることを、いい男は知っています。

ここまでの道、これからの道。眠らない街、欲望の街の中では、初心を変わらず持ち続ける難しさがあります。

銀座で日本の頂点に立った方に偶然、お逢いするチャンスがありました。

私は、この人はおそらく我が世の春を楽しんでおられると思っていました。

すると彼は、

「警護の方に悪くて、缶ビール一つ買いに行けないんだよ」

と、にっこり笑っておっしゃったのです。

そして、「いくら飲んでも酔えないんだ」とつぶやかれたひと言に驚きました。

自分を警護する人たちを思いやる気持ち、それを、頂点を極められてもなお持ち続けておられることに感動を覚えました。

普通なら殿様気分になってしまうところだと思っていたからです。

どんな立場にいても初心を忘れない、いい男の純粋な気持ちに心を打たれました。

そして、振り返ったときに、まさに自分はスターダストだと思ったのです。

この銀座には、いったい、何千人の女の子が体一つで毎晩働きに来ているのでしょうか？

その中から自分でお店を持てて、有名店にさせられるのは、ほんのひと握りなのです。

ほとんどの子が、いつのまにかどこかに消えて、ある日、突然、首をすくめながら戻ってきて、「また来ちゃった」というケースが多いのです。まさに、銀座の女の子は、シャンパングラスに浮かんでは消えるスターダストなのです。

銀座の並木通りのきれいにディスプレーされたウィンドーに映る自分の姿に、なぜだか、上京してきた一五歳のころの自分の姿が重なります。

なんとか生きていこうとしていた自分。もがき続けて、横道にそれないように自分を持ちこたえさせた気持ちと、そして、それを支えてくれた周りの方への感謝の気持ちで胸が熱くなるのです。

気持ちはあのころと変わっていなくても、嘘と虚飾の世界に足を踏み入れて、すこし心がすり切れたかもしれません。

でも、たとえすり切れてもいいという潔さが自分にはあります。

いい男の笑顔の向こう側には、すり切れてもかまわないという潔さがあるのです。

それは、もう戻れないところにいるという自覚から生まれた、覚悟を決めた笑顔なのです。

第2章
いい男は、孤独を楽しめる

9 仕事ができる男の口ぐせ

「つまらないことは、一ミクロンもしたくない」

こうおっしゃった世界的規模の大手外資企業の社長がいました。

とにかく講演のすっぽかし回数は、私の知る限りではナンバーワンだと思います。

イヤなら最初から受けなければいいのに、と思うのですが、とにかく、そんなわがままぶりさえも素敵に見えるから、この方の秘書は世界一大変なお仕事だと思いました。

しかし、なぜだか憎めない、あこがれにも似たものを感じさせる何かが彼にはありました。

そして、彼の周りには、一代で会社を築き上げていく大物の若手経営者たちから政界まで、幅広い人脈ができていました。

講演をすっぽかすたびに、友人たちが穴埋めに奔走して、なんと自らが代役として講演したオーナー社長もいるほどです。

自社のストックオプションで大儲けして豪邸を建てた上にプール付きの別荘まで建てたというのに、はたから見ても普通の人にしか見えない彼は、本当に仕事を楽しんでいます。仕事が楽しいなんて、うらやましい限りだと私などは思いました。

彼をそうさせる自信は、イヤなことはやらないんだという信念、一度は受けた講演でも、朝起きて、もっと楽しいことがあれば、そちらに行く潔さなのだと思いました。

ところで、偶然、彼の秘書に銀座で出逢いました。

「大変じゃないですか?」

と言ったところ、「いやー、もうドタキャンされたときは、ノートを演壇上に広げて、前座をしてつないでいるんですが、やっとメールが来たと思ったら、一行だけ、

『すまん』と書いてあるんですよね。もう前座がいきなりトリになっちゃうんですよ」と素敵な笑顔で打ち明けていただきました。

最近は銀行の大型合併が繰り返されていますよね。

ある三行大型合併合同式典の講演をすっぽかした社長がいて、「いやー、びっくりした」と話された銀行役員がいました。

私はとっさに「それって、あの方ですよね」と言ったら、

「えー、なんでわかるんだ?」って。

私は、「いやー、なんとなく」なんてごまかしちゃいました。

仕事をエンジョイしすぎだと思うのですが、ある意味、他人には絶対に真似《まね》できない魅力と、オンリーワンのパーソナリティーがあるのでしょう。

いい男は、自分の人生そのものを、すべて愛する仕事や家族にかけているから憎めない人になれるのだと思います。

10 失敗が愚痴で終わる人、経験に変わる人

「朝から苦虫を噛み潰したようなイヤな顔で腹の出た上司が、会社のデスクに座って、嫌みたっぷりに『お茶!』って言うのって最低」

と昼間OLをしているお店の子がつぶやきました。

「やめちゃえば?」

私は何気なく彼女に言いました。

「ううん、ダメなの。ママと違って、実家と彼がうるさくて……」

私は酒の席でまで愚痴をこぼす男たちを何度か見てきたことを思い出しました。

要は、その仕事は彼にとって、やりたくない仕事なのです。自分が思っているより自分の評価が低いときに、人はやはり愚痴をこぼしてしまうようです。

私はこれまで、一人だけ、ものすごく生命力を感じた女性に逢ったことがあります。おそらく男性以上の器なのでは、と感心しました。私だったら愚痴をこぼしたくなるようなことを、彼女は笑ってこなしているのです。

その女性は、四大新聞社の一つの正社員でした。ところが夕刊紙が廃止になり、系列のタブロイド夕刊紙の、なんと風俗ページを体当たりルポで担当することになったのです。

ある日の午後三時半ごろ、お店にお花を活けに行ったら、閉まったシャッターの前にその女性がいました。

「あれ、何やってるの?」

私はFAXできたその日の取材を覚えてはいましたが、詳しい打ち合わせもなかったので、キャンセルになったと勘違いしていたのです。

名刺を交換して、驚きました。

「派遣じゃないの？　まじ？　正社員？」

「早稲田の政経を出て、政治部希望で、今、風俗欄にいるんです」

それって絶望的だと、私だったらとっくにキレている仕事を、彼女は愚痴一つこぼさず、しかも笑顔で「お待ちしてました」とあいさつしたのです。

私は彼女にお店の着物を着せて、髪を結い、即席銀座ホステスに仕上げました。

私は、なんとか彼女を救済して、なるべく元の朝刊紙に戻してあげたい気持ちで、大物財界人のテーブルにばかりつけました。

「君は自分で生きていると思ってるだろうが、本当は生かされているんだよ」

ある社長は、彼女にこうアドバイスをしました。

その後、彼女の担当する記事は人気になり、名物正社員として復帰しました。

自分は生きているのではなく、生かされているんだという勇気に感激しました。

ところで彼女、ふたご屋で体験した日にラストまで働いて、一二時を回り、地下鉄もなくなったので、「会社のタクシーチケットを持っていますよね？」と聞いたら、

「ううん」との返事。

びっくりして、私はお客様から、「悪いけど、埼玉まで帰るからチケットちょうだい」と一枚いただいて渡しました。

彼女こそ、いつか、いろんな不満を、愚痴ではなく、「とてもいい経験でした」と言える人だと思いました。

11 厳しい局面でこそ、いい男は輝く

仕事をエンジョイしているいい男は、朝から「今日は何をしようかな」なんて考えています。

仕事自体を楽しんでいるのです。どんなピンチもチャンスに変えるパワーがみなぎっているのです。

自分にぴったりの職業に出逢える人は本当に稀《まれ》です。芸術家とか、作家とか俳優とか、自由業と呼ばれる人は、いいものをつくりあげなければ次の仕事は来ません。

だから、懸命になれるのです。いい仕事がしたいという思いがあるいい男だけが仕

事をすることができるのです。

例えば、今の金融・経済財政担当大臣を見ていても、その大変さがわかります。株価が低迷して、デフレスパイラルで登板された大臣が仕事をエンジョイするなんて、神業に近いと思います。

毎週二回は記者会見を行い、毎日のように国会で答弁を続け、出れば叩かれるに違いないと思ってもテレビの政治討論会に出ている姿を見て、そこまで彼を駆り立てるもの、それは自分には国民に伝えたい思いがある、という熱い気持ちがあるからだと思います。

この国を再生してみせるということに真剣に取り組み、そしてそれを仕事とするのは、このご時世では大変なことです。

それでも、その使命を、いい男は仕事としてイヤイヤではなく、真剣に楽しんでいるのだと思います。

厳しい局面に立たされたときほど、いい男は仕事をして結果を残そうとするのです。

それが今は伝わらなくても、だんだん後世に響いていくなんて、素敵な仕事だと思います。

仕事をするから、男は楽しくなるのです。

仕事をするいい男は、やはり魅力的ですものね。

12
成功をつかむ男の働き方

最初から帝王のような身分のお生まれの方だったら、お金に苦労することはありません。いいえ、最近は帝王でも苦労しているご時世です。

小さいときからお金に苦労した人は、勉強する機会がほかの人より少々早くて、かえって幸せだったと思ったほうがいいのではないでしょうか。

私もかつては、簡易宿泊所が並ぶ、横浜の寿町に一〇代の終わりから二年間いました。

もう働く気力のなくなった男たちの群れ。そこで見たものは、今でも私の脳裏に焼き付いて離れないくらいです。

私は、そんな寿町で働く気力を失った人たちから、逆に働くことの大切さを教えてもらったような気がします。

私のアパートの前は、ちょうど日雇い労働者たちを作業場に送り込むバスが何台も並ぶ場所の前にありました。

〝人買い〟と呼ばれる男が、

「お前は乗れ、お前はダメだ」

と労働者たちを選んでいました。

人はいつか働けなくなるのだから、今、一生懸命に働かないといけないと、厳しい現状が教えてくれました。

親の仕送りがなかった私は、当時、夜間学校に通いながら、クラブで働いていました。

みんなが遊んでいるときにも、私は食費やアパート代を稼がなければなりませんでした。

生まれてすぐに預けられた祖母が私によく言いました。

「働かざる者は食うべからずだよ」と。

祖母は私をお手伝いのように使いました。

朝はちゃぼの卵集め、洗濯に掃除。しかし、それが将来の人生はもっと厳しいものが待っているのだという教えがわかったのは、明治大学に入ってからでした。

働くということは、働かせていただく場所があるという、とてもありがたいことなのです。

働きたくても働けない人がたくさんいる時代なのですから。

横浜寿町といっても、みなさん、知らない方も多いでしょう。

窓の外では、一泊数百円の簡易宿泊所にも泊まれない人たちが酒盛りをして、冬はたき火をしています。

聞こえてくるのは、男の怒声と殴る音、女の泣き声、裸足《はだし》で逃げ出すフィリピーナたち、それを追いかける男たち。

そんな光景を、私は東京に出てくるまでベランダから見ていました。

凍《こご》えそうで痺《しび》れる夜に路上に眠る人、「やめてくれ。これは貯金する金なんだ」と奪い合うあさましい後ろ姿。日雇いの街は朝が早いから、ネオンもなくて、角のスタンドバーだけ。どうしてなのだろうか？　石川町駅の反対側は、きらびやかなイルミネーションに高級山の手住宅地。

私はここから出てきた。冷蔵庫も財布もいつもからっぽだったけど、私は夢だけを食べていました。

いつか、ここから抜け出すことばかりを考えていた一〇代後半でした。

人頼みなんかできないと、そのとき、痛いくらいにわかったのです。

あのころの冷蔵庫の中の野菜は冷凍ミックスベジタブルだけ。懐かしくて大嫌いな街だけど、世間の厳しさを教えてくれた学習の街。いつもポジティブに前向きにとらえる男。そんな「楽しいから仕事をする男」と出逢ってください。

13 最後に選ばれない女性の共通点

「また仕事が入った！」

ドタキャンデートの言い訳の常套台詞《せりふ》。

ふられた彼女は、たいていこう言います。「ママ、これ、デートで見るはずだった映画のチケット。一体全体、私ってなんなのって思うの」と。

相手の仕事と自分を、同じ土俵に置いてはいけないのです。

だって、仕事しない彼なんか、ヒモじゃないですか。

やっぱり、男性は仕事があってこそ華やぐのです。そして、いい仕事だったと思える人生を送った人ほど、顔にいい年輪を刻んだしわがあります。

ただ、やっぱり、朝から何を着ていこうかと、さんざん悩んだ末のキャンセルメール一発なんて、もちろん頭にくるのはわかります。

でも、いい男は、いい仕事をしているから輝くのです。

そして明晰な頭で、いい女とつき合い、馬鹿な女とは遊びと割り切らないといけません。

自分を大切に思うから、あえてデートより仕事を取るという男心をわかってあげてください。

まっ、誕生日も忘れてしまうようでは論外ですが……。男には忘れてしまうほど仕事に熱中しないといけないときがありますよね。

ドタキャンを責めても、最後の逃げ道をつくってあげてください。

「じゃあ、今度ね、仕事が終わったら電話をください」とか。

相手を思う気持ちが、逆に自分を思わせることに気がついた人間は本当に強いのです。

最後の最後まで相手を追いつめないことで、いい男はこの女は自分のことをわかってくれていると思うのです。

見え見えの嘘でも、黙って嘘をつかれてあげるくらいの度量が、いい女には必要です。

携帯のメールに、

「お疲れさま。今日はちょっと寂しかった」とか、

「次をとっても楽しみにしているから、体には気をつけてね」

なんて相手を思う癒しの言葉が、自分の存在価値を高めてくれるのです。

男を振り回してくれるいい女は、旬の、まさにいい男へのステップを昇っていこうとしている忙しい男には、面白いけれど、厳しい相手なのです。

私には強さと安らぎがある。それは、あなたをとても大事に思っているからだと思わせるいい女になってください。

必ず、あなたの元に癒しの出口を探しにやってきますから。

第3章
いい男は、全てに愛情を注ぐ

14 「遊びの女性」と「本命の女性」の違い

奥様以外は、みんな遊びだと言った社長がいます。

まさにその通りです。奥様だけが法律的に絶対的に強いのです。

契約しているのですから。

あとは遊びだと、束の間の時間を女性に楽しんでもらうために最大限の努力はするのはいいけれど、二七歳くらいで手放してあげるのがいい男とも言えます。

ホステスとつき合って、その子にお店を出せって言ったのだけれど、僕に甘えちゃって、僕もそれがかわいくて、つい三〇歳にさせてしまった。

難しい年頃なのです。二〇代後半から三〇代って。

女性ホルモンの関係もあるし、家庭の温かさを知っている子なら去って行きます。

女性の大台が三〇歳と言われるのもわかるような気がします。二九歳と三〇歳では大違いなのです。

二九歳で一度は結婚に焦りを感じて、三〇歳になると、まっ、いいか、と楽な気持ちになるのは、キャリアがそうさせている部分もあります。

ほとんどの公務員試験で「二七歳まで」とあるのも焦りを感じさせる要因なのかもしれません。

私は三〇歳になってから、精神的に楽になったと思います。

もちろん、経済的にもですが、周りの人への気遣いがもっと出てきました。

やはり三〇歳を超えると、それまでと違った責任感をともなって、仕事や恋が見えてくるのです。

年を重ねることは素敵なことだなあと思える時間をすごしたいものです。

経験はお金で買うことができないものですから、年を重ねることを恐れないでください。

自分は子どものころから誰からもイマイチ愛されなかったという思いがある女性は、どうしても不器用にしか生きられないのです。

そんな女性ほど、幸せになってほしいと私は思います。

本命以外は全部遊びだと割り切っていない男性のほうが、おつき合いするにはいいのかもしれません。

最も大切なことは、自分を一番大切にしてくれる人に巡り合うことです。

そして、自分から離れて行った男性を追いかけないことです。

いい男は、一人の女を愛しますから。

15 肩書きでも外見でもない、男の価値の見極め方

かっこばっかり一流の男って、イヤですよね。

女を自分のアクセサリーだと勘違いしている人。

こういう人に引っかかってはいけません。

たしかに見た目はかっこいいかもしれません。いい女なら、中身で選んでほしいと思います。中身がないのはダメですね。

新車のいい車に、かっこいい肩書き。女なら誰でも引っかかってしまいそう。

その上、プレゼント上手。

いい女は、男を見抜く力も必要とされるのです。

例えば、デートの最中に彼の車に同乗していて、誤って事故を起こしたときなどにすぐにわかります。

彼のうろたえぶりはわかります。しかし、そこからすぐに警察や救急車を呼んで、保険会社に速やかに連絡を取るなど、迅速にすませないといけないことがただちにできる人はいい男です。

パニックになってしまう男性は、もちろんパスすべきなのです。

今、どうすべきなのかがわかる人は、器が違うのです。

ただ単に、どうしよう、どうしようではダメなのです。

まずは、相手や、保険処理や、警察への届けがスムーズにできること、いかなるときも冷静な判断ができることが大切なのです。

外見だけじゃなくて、中身があるいい男を選んでください。

中身がある男は、人の心の痛みがわかる人です。

今の地位につくまでに大変な努力をされたはずなのに、さまざまな試練を乗り越えてきたことを感じさせない男性がいます。

苦労したと言わない人ほど、本当は苦労しているのです。

女性なら、こうした男性をつかんでほしいと思います。

女性にモテたいだけの男性ならいくらでもいるからです。

流行のヘアカットにシャツに時計なんて、その男性の人間性を見抜く上での一つのツールでしかないということに気がついてください。

かっこよく見せているだけなのです。

お金で買えない品性や教養を身につけている男性ほど、中身が濃いのです。

相手の気持ちや周りとの協調性などを、どんな立場にいても考えられる、中身のある人を友達や恋人に選択していくことで、より意義のある人生を送ることができると思うのです。

外見は二の次、三の次くらいで大丈夫です。

大切なのは人間性。一流の詐欺師ほど魅力的に見えますから。そうしないと、誰も寄って来ないのを知っているからです。

一流の詐欺師ほど堂々としています。悪質な取引ほど巧妙で、トリックがものの見事にできているのです。

これに手を出してはいけません。

悪いお金と悪い仲間はセットなのです。

たとえそれが大金だとわかっていても、いい男は手を出しません。自分の価値を下げることになるからです。お金に顔はないけれど、同じ一〇〇〇円でも、正当な稼ぎから得た一〇〇〇円を手に入れている人は、まともな顔と表情を持っています。

悪いお金に触れた男ほど、会ってみると、話の起承転結ができていなかったりするのです。

いい男は匂いでわかるものです。

いい男と出逢ってほしいものです。

16 恋愛だけのやさしい男はつまらない

女性は、自分だけを見てくれるフリができる男性に弱いのです。本能的に自分を守ってほしいという気持ちがあるからです。

それが男性だったり、宗教だったり、いろんな形で出てきがちなのです。

本来、人間は一人で生まれてきたのだということを考えれば、一人になっても怖いものなどないはずなのです。

そんな弱さにつけ込んでくる男性には気をつけるべきなのです。

やさしい言葉でささやきかけ、何かにつけて記念日を忘れない、まるであなただけのために生まれてきたように感じさせる男性は、単なる演技派にすぎないということです。

ときには酔いつぶれたい夜が、私にもあります。

女性はとくに自分の孤独感に自分で酔ってしまう傾向があるものです。精神的ピンチのときほど、それをチャンスに変える力を持ってください。

いい男は、やはり、仕事があって初めて、大切にできる女に出逢えるものです。

恋に恋するときが誰にでもあります。自分にとって、何もかも最高に思える、夢のような男に思えます。しかし、この世は桃源郷と違って、愛も仕事もがんばれる、いい男だけが、最後に誰からも尊敬される男性になれるのです。

自分に対してがんばってくれる本当にいい男なら、仕事も同じくらいがんばるはずなのです。

愛におぼれても、そこには生き残る救いがあるのです。

生命力を感じさせるいい男は、力強い笑顔を見せてくれます。

それは、女だけに見せる笑顔ではなくて、仕事で修羅場をくぐってきた男たちだけが見せる束の間の安らぎの笑顔なのです。

人は誰しも本当は孤独である、とわかっている男は、恋愛だけがんばろうなんてことはしません。

未来は誰にもわからないから、今日をがんばろうとするいい男に惚れるべきなのです。


恋愛だけにがんばる男は、底力がないのです。

女の華の命は、どれだけいい男に出逢えるかで決まる部分もあります。

恋愛だけに流されない、いい男になってほしいと思います。

「仕事と私と、どっちが大切なの？」

なんて、禁句です。

ここは一夫多妻の国ではないのですから。女は少し手綱をゆるめてあげるくらいでちょうどいいのかもしれません。

ただ、彼に離婚歴がある場合は、少しがっちりいきましょう。

こういう男は、絶対的に寂しがり屋が多いのです。

そして女は仕事ができるケースが多くて、それに気がつかないのです。
花はいつか枯れてしまうけれど、いい女は、いくつになっても素敵です。
自信を持って年を重ねていく女性になってください。
そうすれば、つまらない男性に引っかからなくてすみますから。

17 モテる男は、女にどう接しているのか

仕事にも人生にも、自信にみなぎっている男は素敵です。

そうした男性は、さりげなさを持っています。

相手を思いやる気持ち、相手が男性でも女性でも変わらない姿勢に女は惚れるのです。

本当は、リーダーシップを取りながら、それを感じさせず、謙虚に目上を立てるタイプが多いのです。

ほんの少しだけ前に出ようとする気持ちを、モテる男は自然に出せるのです。

そして、相手を信頼する気持ちを持ち合わせているのです。

「君ならできるよ」

さりげなくそう言われたら、二倍、三倍の力が出るものです。

そんな男性をつかまえたかったら、成長しようとする自分のその気持ちを大切してください。


相手との距離感を上手く保つことで、より一層魅力的に見えますから。

べったりした関係には絶対にならないはずです。

18 浮気をする男、しない男の見分け方

いい男と上手につき合うには、沈黙と忍耐が必要です。
浮気現場を見ても、攻め込んでいけません。
常に逃げ場をつくってあげられる女性になったほうが利口です。
浮気が発覚したときは、まずは笑顔で、
「どうだった？　楽しかった？」
こう聞かれると、男性は結構こたえるそうです。
こんなとき、男性は自分を追いつめない女性や彼女のところに逃げ込もうとするの

です。この人なら一生つき合っていけると確信できるからです。そして、甘えたいからです。

男性に、

「あちゃ、まずいことになったが、この女性ならわかってくれる」

と思わせたら勝ちなのです。

もちろん、何度も浮気を繰り返す男性もいます。

さんざん遊んでから結婚した男性は、家庭に入ったら浮気をしないなんて嘘です。

ふたご屋のお客様に深夜、彼女のところから自宅に帰ってお風呂に入ろうとしたら、朝のパンツと彼女の部屋で着替えた赤いハートのパンツが違うことに気がついて、あわてて二階のバスルームから道路に捨てたつもりが、朝、お隣りさんが、

「あのー、洗濯物がうちの木に引っかかってまして」

とハートのパンツを届けてきて焦っていたら、奥様から、

「あなた、もうダメよ、他人様に迷惑をかけたら」

と言われただけですんで、もうこの女性しか、おそらく自分と添い遂げてくれる人

はいないと実感したと話された方がいました。

そして夕方、この紳士は私にお電話をくださいました。

「時間がないので、女房にピアジェの宝飾時計を選んでおいてくれ。後で払いに銀座に行ってから店に寄る」と。

おそらく、ご自宅で、「僕と一緒に最後まで人生という時間を過ごしてくれ」とでもおっしゃったはずです。

発覚した浮気で女の価値を上げる女性もいます。そうした女性は、愛も宝石も何もかもを手に入れることができるのです。

ほかの女も惚れないくらいの男性だったら、あなたも好きになったりはしないでしょう。

愛《いと》しい人は、ほかの誰かも愛しく思うはずなのです。

ほんの少し、心に余裕を持ったほうが、もっとかわいい女に見せられるはずなのです。出逢いと別れはセットだということを忘れないでください。

人は、別れるために出逢うのですから、相手の心の中にまで土足で踏み込もうとし

ないことです。

人間関係においては、この距離感が一番大切なのです。どんなに親しい間柄でも、ある一定の距離をおくことが必要です。

誰でも土足で踏み込まれたくない心の部分があるからです。

ボクシングでいうなら、相手のリーチとの距離感、野球ならボールとの距離感をつかむことで勝ちにいくことができます。

いい女は、この距離感をつかむことが、何においても抜群に上手いのです。

すぐにべったりしすぎてはダメなのです。人は誰でも、何かを考えるとき、生み出すときに、そっとしておいてほしいときがあるのです。

自分だけを見ていてくれるフリのできる男性に弱い女性は、気をつけてください。見ていてくれるのが自分だけではなく、まめだけが取り柄の、一見いい男もどきもいますから。こうした男性は避けるべきです。

まとわりつかない、いい女に出逢うことで浮気しちゃういい男は、もっと大人になれるのです。

19 モテる男と浮気男は違う

ある、モテる男が言いました。

「まったく……。僕と一〇〇万回くらいセックスしてから自分のものだと言ってほしい」と。

誠意をつくした男だからこそ言えるセリフだとも言えます。

それだけ惚れられれば男冥利《みょうり》につきるでしょう。

また、単なる浮気男は誠意なんてハナからないのですから、遊んじゃった、くらいにしか思っていないのです。

「遊びなんだから重たいんだよ、あの女は」

なんて平気で言えちゃうのです。ゲーム感覚で恋愛ごっこをしているわけなのです。

見破るコツは、遊び以外に何かに一生懸命になれる人は、モテるいい男。なんでも中途半端なやり方の男性は、仕事も遊びも、すべてが半端な浮気者なのです。

「モテる男」と「浮気男」の大きな違いは、モテるいい男は、

「仕事で負けなければ、遊びで負けてもいいんだよ」

と、きちんと仕事と遊びを分けることができるのです。

こちらから見ると、申しわけないけれどあんなに適当な女性にカモられて、

「やめといたほうがいいのでは」

と言っても、「仕事じゃないんだからいいんだよ」と笑って言います。

そして、ほどほどに遊ばれるのです。

浮気男は、すぐに女性に対して愚痴を言うのが関の山なのです。

人としての底が浅いのです。だから、なんでもすぐに頭にきてしまう男性が多いのです。

20 いい男は〝一人の時間をくれる〟女に弱い

とにかく、相手を立ててあげることです。

できる男とつき合えるなんて、それだけで学ぶ点が多いはずです。

しかし、いい男には取り巻きが多いのも現実です。それが教えを請いたい男性だったり、一緒にビジネスを組みたい男性だったりします。

また、女性ももちろん、こうしたいい男に寄ってきます。なぜなら、いい男だからです。

一緒にいて気持ちがいい男だからなのです。

できる男を彼にしたときは、少し手綱をゆるめてあげることも必要です。ほっとひと息いれて、一人で考える時間が大切なときもあります。

いい仕事をする人は、誰でも孤独です。孤独を知らない人は、オリジナリティーのある考えや事業を興すことができません。

彼だけの時間をつくってあげることが大切なのだと思います。

女性はとかく、この人とつき合うと損をするか得をするかで、相手を選択しがちです。

気持ちはわかりますが、その選択方法は危険です。

結果としていい人だったり、悪い人だったりするからです。それがいい男を見抜くお勉強だったりします。

人は、どんな物事や、対人間関係においても、学習するからこそ予習ができるのです。

いい女して生きるためには、つまずいてもかまわないのです。

大切なことは、そこで学習して、同じ過ちを二度と犯さない予習ができるかどうかです。

この混沌《こんとん》とした世の中を生き抜くには、学習能力が高い人になることです。

ダメだと思った男からすぐに離れることも大切ですが、相手のライフスタイルを変えないで、自分こそが最後の女性だと思わせることが一番強いのです。

いい男が、この仕事は少ししんどいけれど、終わったら安らぎの場所に行けると感じてくれることが、よい結果を生むのです。

こんな女と一緒にいたいと、いい男はいつも思っているのですから。

あなたが最後に帰って行きたい場所になることで、いい男は、あなたの手のひらの中にいることができるのです。

いい男は、本当に頼れる人に最初からすべてを投げて任せたりはしません。

ある程度のガイドラインをつくって、信頼して任せるのです。

その後の本筋をまとめ上げるのが、有能な部下なのです。

そして、疲れ切った彼を受け止めて、アドバイスもできるのがいい女なのです。

雑誌に付せんを貼って、

「似合いそうな素敵なシャツを買っておきましょうか?」

などと、時間のない彼のためにスタイリスト的に動いてあげるのも一つの手だと思うのです。

時間的余裕のない部分を補ってあげることも、できる男を彼にしたときに必要なことです。

21 いい男を、だんな様に変える魔法

「どうやって手に入れたの？」と聞きたくなるくらい、いい男をだんな様にした女性がいました。私は「おめでとう」と、口では言いながら、あれれ、たしか彼は独身ではなかったはずだと心の中で思いました。

いい男が結婚式の三次会で親友にこうつぶやいたそうです。

「彼女とは遊びのつもりだった。彼女もわかってくれていた。結婚以外は、すべて金で片づけられると思っていた」と。

そして、まだ二〇代後半の彼女に金を渡そうとしたときに言われたのです。

「お金なら自分で稼げます。でも、男性から男性を渡り歩く人生はイヤです。二軍でもかまわないから、そばに置いていていただけませんか」と。

そのとき、男は自分の遊び方、いや、女性の選び方を間違えていたと気がついたそうです。

一年ほどその彼女とおつき合いして、すべての現金とマンションと新車のＢＭＷを渡して、涙を流しながら彼は前妻と別れました。

五億円ぐらいは軽くお支払いになったでしょう。新しい新居は小さなマンションでした。彼女は幸せそうに彼の帰りを待っていました。

「幸せなの？」

と、私は馬鹿な質問をしてしまいました。彼女はにっこり微笑み、

「一生、お手伝いでもいいと思っていたの」

と答えたときに、魔法が解けました。

彼女は彼に対して、無償の愛でもよかったのだと思います。

それくらい、そのいい男に惚れていたのだと思います。銀座というイメージから、

計算ずくの恋愛ばかりする女性をイメージされる方も多いかもしれませんが、実は、ただほんの少しだけ恵まれない環境下に育っただけという子がたくさんいます。

彼女も外見は普通の女の子でした。特別かわいかったわけでもないし、センスがよかったわけでもありませんでした。

彼女には高価な洋服も豪華な着物も無縁でした。華がないのによく売れているなあ、が私の正直な気持ちでした。

ただ、多くのお客様だけでなく、一緒に働いている従業員からも好かれていました。一緒にいて気持ちがよかったからです。

いや、彼女自身、自分と一緒にいる誰もが気持ちがいいように気を使っていたのだと思います。

そばにいてくれるだけでよかったのです。

第4章
いい男は、稼ぎ方を知っている

What Makes the Right Man Right?

22 男の価値を年収で決める女性は、お金につまずく

男と女は、目的意識が近いほど上手くいきます。

彼と幸せな家庭を築きたいなら、マイホームパパを探すべきでしょう。

きっと土日は家でのんびりしてくれるはずです。

男を流行作家にしたいなら、または何かの世界に一人前にしたいなら、彼を一人でいさせる時間をなるべくつくってあげることも必要だと思います。

何かを創造する、クリエイティブな仕事ほど、孤独がつきまとうような気がします。

自分との戦いが一番きついからです。

愛情と年収とは比例しないことをわかってください。

金がすべてではないけれど、お金は後からついてくるものだ、ぐらいの心構えでいてください。

金に目がくらんだときほど、人は間違いを起こしやすいからです。

男の価値を年収で決めてしまう女性は、お金につまずいてしまうケースが多いのです。

亡くなって初めて、その人間の価値がわかることもあります。

生存中に価値が出る男は少ないのです。もちろん、死ぬまで貧乏していました、では困ります。

人間、ほどほどが一番だと、欲をかかずに生きてみてください。

ささやかな幸せが、どんなに大切かがわかった女性ほど、幸せを噛みしめて、強く幸せに生きていけるのです。

23 絶対にあきらめない、いい男の成功哲学

女性だけでなく、男性からも、「いい男を教えてください」と言われて戸惑うことがあります。

いいえ、「政財界の成功したいい男たちを見てきたからこそ、感じたことを教えてほしい」と依頼されることもあります。

いい人と出逢い、自分を魅力的に見せ、絶対にあきらめないことが、価値のあるいい男の成功の哲学なのです。

私は、人とのふれ合いを喜びとしています。その原点は、父が二四年間、県会議員

であったことだと思います。

お金のない、日刊の機関紙を持たない社会党（現・社民党）でしたので、私は三歳のときから選挙応援のために選挙カーに乗り、五歳で街頭演説に立ちました。街から街へ、選挙区を回りました。

この経験から、どうしたら人に振り向いてもらえるのか、票を集められるのか、自分の声を有権者の心の中に届けられるかを学んだのです。

私は二六歳で銀座のクラブ「ふたご屋」をオープンして、次々とお店を増やしていくことができたのも、こうした経験があったからなのです。

いかに自分の父が最高の政治家であるかを伝えることによって、何度も当選を重ねていきました。

その思いが、人をさらに魅力的に見せていくのです。

成功者の周りに人が集まるのは、ただ教えを請うだけではなく、自分もその人から何かを学ぼうとするからなのです。

いかにいい人と巡り合い、いい仕事をしていくかの大事なプロセスで、周りに人が集まってきます。

では、自分が一・五流だと思っている人は、どうしたらいいのでしょうか。

それは、一流の人と交わって、間に入っていくことなのです。

一・五流の人であっても、一流と一流の間にいれば、やがて一流のように見えるものです。そこでは、いろいろなことを学び取ることが必要です。

いかに自分の本当にいいところだけを見せていくか、という技を盗んでいただきたいのです。

価値のある男には男も女も集まってくるからくりは、実はここにあるのです。

そして、あなたにもそれができるのです。

24 お金がついてくる、お金とのつき合い方

手のひらに金貨を握って生まれてくる人はいません。

初めてのお小遣いで投資信託をする人はいません。

みんな、幼いときからお金を稼ぐありがたさを知っているのです。この考え方は、お金持ちの家に生まれたからでも、貧乏の家に生まれたからでもありません。知識と教養は、自分で身につけていけるものなのです。

稼げる男は、お金は自分のものではなく、天からの授かりものだと思っているのです。

こういう考えを持つ男性オーナー経営者は、会社は株主のものだとわかって行動するスキルを必ず持っているのです。

財布の中、または財産は、すべて自分の中で勝手に動かしてはならないと悟っているのです。

資産と運用資金を分けて考えることができるのです。

貧しくて、お母さんが四回も替わったという、ある炭鉱の町から出てきて大成功を収めている方がいます。

若い彼は、一〇代のころにクラブのボーイとして働き、店を任されるようになると、なんと、手をやけどしそうなくらいアツアツのおにぎりをたくさん握って、着慣れないスーツを着て、クラブのお客様のご昼食に届けて、客と金をつかんだことで有名でした。

毎日、夕方からお客や友達を交えたフルコースや懐石料理ばかり食べないといけないオーナーたちは、痛風が心配で、

「昼は、医者から、ざるそばかおにぎりぐらいにしとけと言われるんだ」

と、つぶやきに似たぼやきを店でこぼしているのにヒントを得たのです。

アツアツのおにぎりを秘書に握らせるわけにもいかず、そこにコンビニでは売っていない、正真正銘のできたてホヤホヤのおにぎりのお礼に、またその店に行って、お金を落としてしまうのです。

この男は、やがて二〇代の終わりに夜の水商売をやめます。

そして、飲食ビジネスで大成功を収めますが、原点は最初から大金を取りに行こうとせずに、お金をつかむルートからつくっていったのです。

おにぎりがお金に変わるなんて、誰も想像できなかったことでした。

自分の価値を高めることによってお金もついてくるなんて、素敵なことだと思います。

25 生き金にできる人、死に金になる人

お金の見切りがいい男は、一見、いい男に見えます。

しかし、〝生き金〟と〝死に金〟の区別がついているかどうかが問題です。

生きたお金の使い方を知っている人は、ここぞというときの使い方を知っています。

それが大金であっても、後で見返りがなくても、大切な時間と貴重な自分を成長させてくれる経験にお金を払うことができるのです。

「おごれる者は久しからず」と言いますが、傲慢《ごうまん》からではなく、自然体でそれができるばかりか、その限界を知っているのです。

仕事に失敗して落ちぶれた男性に資金を提供したいい男を銀座で見ました。はたから見ても、金をどぶに捨てるような死に金になるのでは、と思ったほどです。ところが、その落ちぶれたと思った男性は、失敗を経験に代えて死にものぐるいで働き、見事に事業を軌道に乗せたのです。

そしてまず資金提供してくれたいい男に、遊ぶよりも何よりも何十倍にもして返したのです。私が、

「成功すると思われたのですか？」

と資金を提供した男性にお聞きしたところ、

「彼はたしかに失敗したけれど、会ってみて、まだ男の意地がある瞳に気づいたんだ」

と言われて、さすがだなあと思いました。

その生き金は、いい男の男気かもしれません。しかし、人を見る目が確かであったことに変わりはありません。

落ち目のときほど、馬力が出せる人間がいるのです。

それとは逆なのが、死に金なのです。

男性が、寂しさゆえに使ってしまうのも死に金なのです。

すでに勝ち目のない、欠け目の生きていない陣地に資金を費やしてしまったりするのです。

誰も助言してくれる人がいなかったのかもしれません。

聞く耳を持っていないと思われたのかもしれません。

イエスマンばかりに囲まれて生きていくことは、人生そのものが欠け目になってしまいます。

違う意見や方法を取り入れることで、また違ったものの見方ができるのです。

二代目、三代目の経営者には、ここが弱い方が多いのです。

父の代から受け継いだとはいえ、自分より年上の役員たちにイエスマンばかりを並べても仕方がないのです。そんな営業会議や報告会なら、やらないほうがいいのです。

まったく違った角度から鋭い意見を投げ込んでくれる人が大切なのです。

けむたいくらいの人が必要なのです。そこから学ぶことも多いはずだからです。他人から、違う環境、経験を学ぶことを恐れないでほしいのです。

親の意見と冷や酒は後から効いてくるものだと昔の人は言いましたが、他人の意見にも耳を傾けることが必要なのです。

自分と相反する意見を率直に言ってくれる人を遠ざけない男になることが、稼げる男になる一番の方法なのです。

26 女は、男の持ち物のここを見ている

女は男のバッグをチェックしてしまいます。財布にも同じことが言えるでしょう。浸透している価格帯のブランド品を持った男に安心感を持って、それだけで信用してしまうのは危険です。

それが本物であるとしても、その人の中身まで本物である確率はきわめて低いものです。

ブランドを否定しているのではありません。私のバッグも、なぜかブランド品が多いのです。

時間がなくて、ブティック街もない、海辺に広がる旅先の飛行場のデューティーフリーショップで買ったバッグが意外と活躍しています。

ただ好きだから使っているのではなく、使いやすさと、ブランドが浸透している安心感で買っているだけなのです。

一目見て、どこのブランドかわかってしまうくらいの有名ロゴ付きのバッグや靴やネクタイがあります。

ブランド品には、そのブランド名を汚さないくらいの商品管理や修理のメンテナンスを期待できるいい点があります。

また、それが買えるくらいの財布の中身を他人に誇示することもできるのです。

ただ、あまりにも型が古かったりすると、流行に敏感な人にはすぐにわかってしまう難点もあります。

オリジナリティーがないと見る人もいて、ブランド品を買うのも難しい時代になりました。

プレゼントにはいいけど、いざ、自分が身につけるとなると、他人に評価される時代なので、大金を払ったわりには報われないこともあります。

高価なブランド品が、必ずしもその場その場に合うとは限らないからです。所持するＴＰＯを選ぶのも、ブランド品の難しいところです。

時間も暇も許せば、オーダーメイドでつくったものが一番いいのです。

色もデザインも選べて、オーダーして一年以内くらいに届くなんて、究極の形なのかもしれません。

ただ、目の前にある仕事や恋が自分の中で優先してしまう時期が誰にも必要なことがあると思います。

ある到達点に行くまでは時間がないことのほうが多いでしょう。

オリジナリティーのあるオンリーワンを持っている物や人が、最後には一番強いのです。

今、その人がどのあたりに位置してがんばっているのかを察してみてあげてください。

きっと、成功へのステップを駆け上っている人ほど時間がなくて、メジャーブランドになっているはずです。

そうでなければ、彼にはもう誰か素敵な方がいますね。

彼のために自分で選びに行って、彼に身につけさせる人がいるはずです。

それがスタイリストか、すでに愛を分かち合った人かは永遠の謎ですが。

27 将来ケチになる男の見抜き方

財布の中に札束を見せびらかすように入れて、わざと支払いのときに見せる人には、ケチな人が多いのです。品性に欠ける残念な男です。

本当に品のあるいい男は、封筒に大金を入れて別に持っているケースが多いのです。

また、今はこれだけカードが普及しているので、札束をわざわざ財布に突っ込んでデートに来るような男性は敬遠したほうがいいでしょう。単なる見せ金にすぎないからです。最初から使うつもりはないのです。

それに気がつかず、その見せ金のケチな男につまずいてしまう女性は、お金に目がくらんでしまっているのです。

結婚詐欺《さぎ》なんて、その典型でしょう。話がおいしすぎるときは要注意なのです。自分にうぬぼれないことです。しっかりした、身の丈に合った暮らしや考え方ができる女性が頭がいいのです。

有名人にケチが多いというのは本当です。

なぜなら、自分が賞味期限付きのブランドであるとわかっているからです。自分にぶら下がってくる人は、自分を愛してやってくるのではなくて、自分のブランドを愛している、ただの一見《いちげん》さんだとわかるからです。

要は、有名人じゃなければ寄って来もしないくせにと、相手のことがハナにつくほどわかるからです。

今日も明日も次の日も、これ以上近づけないほど一つになろうとする真剣な気持ちで接しないとダメなのです。

これは芸能人に限ったことではなく、有名企業オーナーにも同じことが言えるのです。自分ではなく、自社ブランドの自分がもてていると感じてしまうのです。

そう感じられる人は、猛烈に頭がいいのです。

女の子から、

「本当に好きだったのに、デートしたら、一日で連絡がつかなくなったの」

と言われたことがあります。

「最初からホテルに誘ったでしょ」と言うと、「どうしてわかるんですか？」。

「彼は多分、本当の自分ではなく、その地位に惚れた女だと思っただけよ」と教えてあげると、彼女はハッと我に返るのです。

すべてがそろばんずくの恋愛に、お互い慣れすぎているのです。

自分に対してケチだと思ったら、女はすぐに立ち去るべきです。

そして、なぜ、彼がケチったかを自分に問いただすことも必要です。

28 お金が全てでないことを知っている人ほど稼げる

いい男のところには、当然、いい話が流れてきます。金も仕事もできるからです。そして、きれいに物事が運べるからです。

ここが一番難しい。

義理を欠かないでいるいい男にはおいしい話がきて、たくさん稼げて、いい男はこれをまた別の形で返そうとする人情と義理堅さがあるのです。

何もかもが、どこかでつながるかもしれないことを知っているのです。

にこやかな微笑みの下に隠した、かつての苦労を微塵も感じさせない男は、豪快に、ゲームのように稼いでお金を増やしていくのです。

一流の男の周りにはいい人が集まり、そして別のいい人とだけ出逢い、その人たちが資産となり、さらにお金を増やせるのです。

ここには怪しい人が入り込む隙間がないのです。

人生で大切なものは何かを知り、お金がすべてではないとわかっているから強いのです。

第5章

いい男には、いい親友がいる

What Makes the Right Man Right?

29 その男の未来が見える交友関係

一流の財界人には、たいてい一流の友達がいます。遊び方から仕事のやり方まで、いい交友関係を持っているな、と一目でわかります。

そして、新しい事業を立ち上げるときに、またそのいい友達が投資したり、株主になって、またいい未来が見えるのです。

一匹オオカミ型のいい男もいます。一代で財を成した人に圧倒的に多いタイプです。はっきり、「自分には友達はいない」と断言します。

ただその人が「自分のために死んでくれる社員がいる」とおっしゃったとき、すごい人だと思う前に、怖いな、とも感じました。

政治家にも同じことが言えるでしょう。自分のために死んでくれる秘書がいる人は、本当に強く、また、情が深いのです。

自分が死んでも、この人なら自分の大切な家族を守ってくれると確信できるから、本物の秘書が務まるのです。

そこに打算はいらないのです。

大切なのは、誰がその男のそばについているのか、です。

前にも言いましたが、**いい男には潔さがあります**。口にした言葉がちゃんと守れる男は、心から信頼し、信頼してもらえる部下を持っているのです。

いいえ、部下だけではなく、交友関係や伴侶《はんりょ》もそうです。

必要とされる自分になることが一番大切なのです。計算ずくの取り巻きはいらないということなのです。

人は誰でも、さびしがり屋です。誰でも自分を気持ちよくさせてくれる人を周りに置きがちです。

一緒にいて、しんどいことも助言してくれる人は大切だと思います。

辛口なことだけ言って離れていく人間だけでなく、疎《うと》まれながらも、それでもなお、そばにいてくれる人になることが大切なのです。

いろんな意見に耳を傾けられる人は本当に強いのです。価値観のまったく違う意見によって、自分の評価を誤っている人の目に真実の自分が見えてくることもあるのです。

仕事につまずいたときだけ女の子に走るタイプでは、ダメな奴だと思われるのです。

一流の友達とつき合うことで、自分をもっと高めていくことができ、そして未来図を描くことが上手になっていくのです。

30 ダメな男は終着点しか見ていない

中途半端な人同士で事業を立ち上げようとすると、必ず失敗します。

お金儲けの話も同じです。

ダメな男には潔さがないのです。

誰が最後の責任をとるのかという潔さと余裕がないところが、ダメな男の一番の敗因なのです。

失敗から学ぼうとしないから、しくじっても学習できない。そして、復習できていないから、新しいことへの予習もできないのです。

ここ一番の大勝負ができないのです。

チャンスの女神は、ダメな男、中途半端な男を振り返りはしないのです。

ダメな男たちと合コンなんてするくらいなら、乱交したほうがいいかもしれません。

どうせ、やってくる女にはロクなのがいないからです。

私もいろいろなパーティーに出ますが、これはダメだと思えば、壁の花になる前にエレベーターで退散します。

くだらないよ、そんなもの、って感じでしょうか。

今は努力して、未来の夢を見ることが、ダメな男にはできないのです。

自分が考えた夢、語った夢しか、夢は実現することがありません。夢を忘れずに持ち続けるスタンスが大切なのだと思います。

夢が語れない人、持ち続けることができない男ほど、臆病で、何もできないのです。

転ぶ勇気もないくせに、転んだ後のことだけを考えてしまう男性が多いのです。

保守的になることは決して悪いことではありません。

ただ、成功していくには、前に進む予算と余裕、研究費を必ずとっておくことが、これからのいい男の事業には要求されるのです。

男の仕事は黙って語らず、と不言実行の方もいらっしゃいます。ただ、今の時代は、いかに魅力的にプレゼンテーションできるかが必要とされることも多いのです。

一緒にプロジェクトに取り組んでくれる人が、いかにいい男か、ということで決まる将来ビジョンの仕事もあるのです。

例えば、青函トンネル工事で何度も失敗して、命まで落とした方たちがいたからこそ、あのプロジェクトは成功できたのです。

死亡事故が起きたときに、「もうやめろ」と言った人が多かったのも事実です。しかし夢をあきらめず、前に進もうとした男たちがいたからこそ、あのトンネル工事は成功したのです。

トンネルの向こうの光を信じたのです。

ダメな男同士は、終着点しか見ていないことが多いのです。このぐらいならいけるかなあと、そろばんを適当にはじく男たちとつき合ってはいけません。

愛だけでは暮らしていけないと、同棲経験のある方なら誰でも知っているはずです。

生きていくには、お金が必要なのです。生きていれば、最低限でも、食費や家賃といったものがついて回るものです。

恋愛は心の支えだと思っているいい男は、恋愛だけがんばるだけなんてことはしません。

社会的に貢献しよう、稼ぐためにがんばろうとする男性ほど素敵です。

たとえ一生遊んで暮らせるほどの資産があったとしても、慈善事業に手をつけ、他人を思いやる力がある男を選択すべきなのです。

明日の夢を見た男だけが、夢をつかむことができるのです。

永遠の恋愛なんて、この世にないのです。

命は誰でも平等にいつか終わるのです。広い見識と社会性がなければ、何も愛する人に残すことはできません。

31 できない男ほど群れたがる

できない男ほど群れたがる――。ダメな男の法則とでも言いましょうか。

しょせん一人では何もできない男なのです。ましてや、群れたらもっとダメな男になります。

いろんな場所に飛び込んでいける度胸のよさが、いい男にはあるのです。

上司の顔ばかりうかがう男に限って、仕事も中途半端になっていくのです。

「大切なことは上司に言ってください」と言うだけで、自分は知らん顔をするのが、その典型とでも言いましょうか。

よく、「銀行は晴れの日には傘を貸すけれど、雨の日には貸してくれない」と言われます。もちろん、この傘は、資金繰りのお金のことです。

合併、合併で、銀行員もキャリアを積んでもなかなか支店長になれずに、支店長代理ばかりが何人もいる時代になりました。

普通なら、我が社の経理部に来てほしい、となるところが、最近はそうでもないのが実情なのです。

なぜなら、その行員を信頼して任せられるかどうか、大いに疑問だとオーナーたちは言うのです。

どのような立場にいても、誠意を持って対処する姿勢が、後々の自分に跳ね返ってくることを知ってほしいと思います。

思いがけない人が拾ってくれたり、助けてくれたりするからです。

自分ではとっくに忘れていることをきちんと覚えていてくれる人がいて、自分の評価が上がっていくのだと思います。

会社の中でも、一人では何もできない男がいます。

協調性は大切ですが、一人では営業もできず、部下に商品説明をさせるなど、細かいところ、自信がないところは勉強せずに、いつまでも人任せと言った人たちです。失敗すれば人のせいにして、部下になすりつけ、成功したときだけは、自分一人でしました、みたいな顔ができるイヤなタイプなのです。

最後には、会社の中で、一人では何もできない男になってしまうのです。

こうした男性とだけは組みたくないと思わせてしまうのです。

それが最悪な男性の典型なのです。だから、できる男たちは、仕事でも遊びでも、一緒にやることをご遠慮してしまうのです。

他人は、いい男としての潔さが足りないと思ってしまうからです。最悪の場合、自分の評価までも落としかねないと思わせてしまうからです。

こういう男に限って、外では態度がでかいのです。この手の男に引っかかった女は、最悪のものをつかんだと思って、燃えないごみの日にそっと捨ててください。

また、一人でできない男が部下についてしまった場合、課内のマネジャー役も補佐役もロクに務まらず、大きな穴を開ける可能性も大きいので、早めに見極めることが大切です。

頭の回転具合までは治し切れないのが現代医学の難点なのですから。

そうかと思えば、恋愛の場で、仕事の場で、いっこうに埒《らち》があかない男性がいます。

こうした男性は主体性がないのです。何事も他人任せで、その上、他人に任せたのに、文句ばかりは一人前です。

自分では何一つ決定することができないのに、また、その努力や、その分野における勉強もしていないのに、勝手なことばかり言う人がいます。

こうした人に対しては、最初から人間性を疑ってかかることも必要です。

気がついたら、ミスを全部あなたのせいにしたり、部下のせいにする人が多いからです。

自分個人のためだけでなく、仕事の上でも泥をかぶるなんて気持ちが毛頭ない人たちなのです。

泥をかぶることばかりがいいとは限りませんが、いい男の条件の一つに、責任感が強いことがあげられると思います。

何事にも全力でがんばっていけば、何よりも他人から信頼を勝ち取れると知っているのです。

切り捨て御免で、潔く生きてください。その先に、もっと大きい人材になったあなたがいるはずですから。

32

拾っていいチャンス、拾ってはいけないチャンス

いい男には、向こうからおいしい話が転がってくると書きました。

しかし、すべてのおいしい話に乗るのは危険です。

おいしい話と、おいしすぎる罠《わな》は紙一重だからです。

株券だって、紙だけ見れば、どれも同じなのですから。

株券は、株価が一〇〇円を切ろうと、八〇〇〇円台だろうと、同じ紙であることに間違いはないのです。

そして、同じ東京証券取引所にあることも一緒なのです。

粉飾したおいしい話なら、いくらでも転がっていると割りきったほうがいいでしょう。

いくらいい友人でも、これは？　と思うときは、絶好のチャンスでも拾わない見極めが大切なのです。

「いい話をありがとう。今回は忙しすぎるのでやめておきます」

と言える勇気が新しい富を生むのです。

33 いい男は、一緒にいてときめく

男同士がつき合うなら、お互いフィフティーフィフティーであることが望ましいのです。

一緒に遊べば、金銭感覚も似ていて面白いし、女性の遊び方も、距離の取り方も似ているでしょう。

気が合う仲間としては、最高の友人になれるはずです。

同じ穴のムジナと遊ぶほうが、遠慮がなくて楽に決まっています。

お互いの秘密保持もまた、面白くて楽しいものです。

しかし一方で、教えを請う男同士の関係もあります。何かしら考えさせられることがある、自分と違う価値観に人は関心を引かれるものです。

講演会などは、まさにその典型です。異種業者同士が出逢い、違う分野の成功者の話を聞くのも悪くありません。

そこに明日が見えることもあるからです。見えない先行きや、知らない世界に触れてみるのは、大変楽しいことです。

このときめきは、初めてのデートのような新鮮味があるから、恐れないでほしいものです。

いい男は、一緒にいて、つき合っていて、ときめくんですよね。

蕾《つぼみ》が花開くときのように。そんなつき合いができる男でいてください。

女同士の親友と、男同士の親友とでは、たしかに違いがあります。

女同士の親友なら、お金を絡ませてはいけません。そんな相談は、親か弁護士か銀行にすべきで、女同士の親友で話し合うものではありません。

これは決して女性蔑視《べっし》で言っているわけではありません。お金のことは、女性の場合、自分で解決できないことは、まず、パートナーの男性、そんな人がいなければ行政に相談すべきだと思います。女性には妊娠や出産などで物理的にすぐ動けないときがあるからです。

男性の親友の場合は、投資という、男同士のお金のやりとりがあります。この場合、親友がつくった会社が店頭公開を果たして、投資したお金が何倍にもなったという話が時々あります。

男同士の親友のお金の相談は桁《けた》が違うので困ると言う人もいるくらいです。女同士の、ちょっと貸して、とは、世界が違うのです。

34 料理店で、何気なくわかる男の力量

イマイチ埒のあかない男なら、イタリアンに誘ってみてください。

ワインのオーダーで、電話帳のごとく、いつまでもワインリストを読み込んでいるようではダメです。

迷ったら、ソムリエに任せることが重要なのです。

自分の身を任せられない人に、他人を信じることはできません。

信じているよという仕草が、やる気を起こさせるのです。

一番ダメなのが、頼んでおいて、いきなり、腐ってもいないのに、否定してしまう

人。

「ちょっと違うんじゃないの」

と、いきなり言う人はダメです。相手の顔ばかりか、ソムリエの腕までも否定するなら、最初から自分で頼むべきです。

「うん、なるほど」

と、一応、相手の仕事を認めてから、二本目はこんなワインが欲しいと言ってください。

お連れの方も、そのひと言に粋《いき》を感じるはずです。

こんな人とまた一緒にご飯を食べたい、と思わせる人になってくださいね。

35 何となく楽しい人は、価値のある人

どこまで話せるかが親友選びの鉄則です。彼女のこと、不倫している愛人のこと、そして最後にくるのが仕事の話だと思ってください。

仕事の相談ばかり持ちかけてくる友人は有能な右腕がいないだけなので、やめたほうがいいのです。

自分は彼の第一秘書ではないのですから。

でも、未来の仕事を語る友人なら、話は別です。夢は、誰かに話した夢、そして自分で思い描いた夢しか実現しないからです。

将来を見据えることができる友は、たくましく、楽しいものです。

先を見るビジョンが鮮明な人ほど、友として最高です。そして、ときには諭《さと》し、励まして、内緒の話もできる友を持つべきです。

いい奴には、いい友がいると言っても過言ではないでしょう。

いかにいい奴になるか、それができるのが人間性だったりします。

一晩一緒に遊んでみて、なんとなく楽しかったとか、何かしら得るものがあるなら、価値のある男なのです。

一緒にいて楽しくない人なんて、疎ましいだけです。仕事だけで勘弁願いたいものです。

第6章
いい男は、どんな底で力を発揮する

36 「苦労をした」でなく「苦労をかけた」と言える人

今、蝶よ花よともてはやされている人ほど、過去にどん底を経験しているはずです。

経験は顔に出ますが、それがよい方に出ている人とつき合うべきなのです。

思いがけず素敵な笑顔の裏の苦労を知ると、その人の魅力が倍増するのです。

そんなに大変な道のりだったのかと気づいて感動することもあります。そこに、いい男の器を感じるのです。

自分から、こんな苦労しました、と言う人ほど、たいした人ではないのです。

苦労をかけたと言える人ほど、本当は奥が深い人なのだと思います。

ただそれを、苦労をかけた人の前以外では言わないことが重要です。

うすっぺらく見えてしまうからです。

人生の旅路の中で、いつでも感謝の気持ちを持って接していれば、どん底のときでも必ず助けてくれる人がいるはずです。

37 つまずいて初めて見える世界を知っている人

どん底を見たことがありますか？　と聞かれたら、私は「ＮＯ！」と強く否定すると思います。

それこそ、生命力だからだと思うからです。まだ私は大丈夫だと言える力こそが、生き残る上で必要とされるのです。

しぶとい奴というのは、何度でもはい上がろうとするひたむきさを持っているのです。

そのしぶとさで決まる瀬戸際があるのです。私が持っていたある会社の株券が、思いっきり倒産してパーになったことがあります。

私は首をすくめることもなく、株の勉強をさせてもらったと、さらっと思ったくらいです。

当然、知り合いたちからは、ブーイングの電話が何本もかかりました。

私はその知人たちに、自分たちにとって、高かったけど有効な授業料だったんじゃないかなと言いました。

人生の授業料は、先に払って勉強しておいたほうがいいのです。

人生勉強とは、転んで、挫折してみて初めて学べる貴重な体験なのです。お金で買うことはできません。

そしてまた、経験は次のステップに行くときに、より強力な武器になるのです。

剣を持たないで戦える武士はいないのです。

失敗した経験を剣にして人生を戦ってほしいと思います。

若いときは何度でも立ち上がる勇気を持っているからです。

つまずいてみて、初めて見えてくる世界があります。

自分から離れていく人、自分に手を貸してくれる人、アスファルトの隙間から芽を出すタンポポや雑草が、いかにたくましいかを知るいいチャンスなのです。

人生の授業料は、次のステップへの力強い一歩だと思ってください。大切なのは、ふてくされないことです。

明日を見ようとする力には、分かれ道があるのです。

明日は明日の風が吹く、いや、もっといい明日にしようと考えることが大切なのです。

ピンチの一つや二つ、誰にでもあるでしょう、と言えることが大切だと思います。

そこでパンチを出してみてください。いい男なら。

38 「潰れてしまう男」の共通点

潰れてしまう男の共通点として、ムキになってしまうことがあげられます。妥協することが上手くないのです。

とりあえず、今はこのあたりで妥協して、後で修正を入れることで世渡り上手になれるのです。

妥協してばかりではダメですが、ぎりぎりのラインの読みを間違えない人ほど強いのです。

「ぎりぎり」の読みが、いかに難しいかを知ってほしいのです。

例えば、今はデフレの時代です。物の価格がどんどん下がって、経営者は誰でも、いかに物を売るかを考えています。

中小企業なら、コストダウンに当たって、どこを的確に削るかがポイントとなってくるのです。

また、圧倒的に強いと言われたブランド品にしても、かつてはバッグで名を馳せたお店が、今やセーターまで売る時代になりました。

しかし、そのセーターがいいかげんなものだったら、ブランドイメージそのものが崩れます。

ぎりぎりのラインで、商品を、会社のブランドを維持していくことが大切なのです。

このライン引きで、すべてが決まると言ってもいいときもあります。

妥協がまったくできずに、敵ばかりつくって失敗してしまうケースも多いからです。

生きていく上で、いい男は自分に対する敵はなるべく少ないほうが生きやすいことを知っています。

自分の味方は多いほうがいいに決まっているからです。

人はどんなに真面目に生きていても、いろいろな見方をされるものです。
「見方」を「味方」に変えてしまうことができないのが、潰れる男の共通点です。

39 「必ず生き残る男」の共通点

ある会社のオーナーとは、彼が資金繰りにあえいでいて、会社が生き残れるかどうかというときに出逢いました。

彼の心の中は、平常心どころではなかったはずです。

莫大《ばくだい》な負債を前にして、債権者たちに向かって静かに言ったのです。

「僕は破産宣告しない」と。

そのひと言で、債権者たちは安心したと言います。日ごろの彼の姿勢に信頼を置いたのかもしれません。

まずいときに逃げまくるオーナーよりずっと律儀で、さらにファンを増やしていきます。しまいにはファイナンスまでが助けようと動き出して一命を取り止め、彼は生き残りました。

今では誰もが知る企業のオーナーになっています。恩を仇で返さない姿勢が、みんなに伝わっただけのことなのです。

人には晴れの日もあれば、雨の日もあります。しかし、いつか晴れない雨はないと信じて、信念を貫く姿勢が共感を呼ぶのです。

40 時を超えて、人の心に残る男

いい男には情熱があります。熱くなれるものがあります。

まだあきらめない気持ちが、すべてにつながっていくことを知っているからです。

向上心のモチベーションを上げ続けていくことは大変なことです。

いい友を持ち、いい仕事仲間に恵まれるような自分であろうとすることで、いい男は、いい男であり続けるのです。

パッと見だけのいい男は、すぐにメッキがはがれますが、本物は噛めば噛むほど味が出てくるものです。

また、一度でも本物のいい男に出逢うと、すぐにわかるようになります。

しなやかな、それでいて、したたかな男とは違う、圧倒的な迫力があるものです。

時代を超えて、時を超えて人の心に生き残る男こそ、本物のいい男だと思います。

41 いい男が陰でやっている努力

さりげなく人に気を遣うことができる男がいます。

例えば、帰りのタクシーチケットをそっと部下に渡す人、相手のミスを最後まで詰めない人などです。

深い痛みや悲しみを知っている人ほど、相手の痛みがわかるようになるのです。

だから、相手を傷つけようとしない自分が生まれてくるのです。

女性に対しても、誰に対しても、同じ姿勢で接してくれる人が一番いいのです。

本当に高い地位についている人は偉ぶったりはしないのです。

「稔《みの》るほど頭をたれる稲穂かな」という言葉の通り、最高のときほど、低姿勢で接することが大切なのです。

自分がここまでこれたのも皆様のおかげですという、お礼の姿勢を見せる努力を惜しまないのです。

例えば、食事の後に、必ずさりげなく甘いお菓子を持たせて帰すような心配りなのです。

有名なお料理屋さんで、これを黙ってオーダーしておくなんて努力で、男の株がさらに上がるものです。

また、大変お忙しい財界人の方ほど、直筆のお礼のお手紙にこだわります。

例えば、財界のパーティーでお名刺交換をさせていただくと、大変なお立場の会長から、貴重な話をありがとう、なんてお礼状をいただくと、かえって恐縮してしまうほどです。

いただいた直筆のお手紙の一例をあげると、

拝啓
　連休の谷間ですが、お変わりなくお過ごしのこととお喜び申しあげます。

　先週の「経済界」のパーティーでは新鮮な気づきを与えるスピーチを有り難うございました。

　またメールでお礼の御挨拶をいただき恐縮いたしました。

　まずは右御礼まで。

敬具

　私の話をこんなにもきちんと聞いてくださっていたのかという驚きと、その謙虚さにびっくりするくらいです。

　企業のトップにお立ちで、よくお時間を割いて書いてくださったと感激しました。

　思いがけずお礼の絵はがきをいただき、恐縮してしまうこともあります。

　筆から伝わるものに、私もいただいたお礼状は必ずとっておくくらいです。

　自分の伝えたい気持ちを大切にしてください。

それが仕事でも出逢いでも、感謝の表し方で、必ず思いは空間を超えて、いつか相手に伝わります。

この気持ちから、心の器はもっと大きくなります。

そんな努力の積み重ねが、いい男をつくるのだと思います。

42 いい男は他人がつけた通信簿に振り回されない

正直、本当にしんどいときが誰にでもあります。大変な努力をしているのに、他人から情緒不安定と見られたりすることがあります。

正当な評価が、いつでも自分に与えられるわけではありません。

だから、自分の評価に対して、生き残ろうとするモチベーションを続けられる人と、沈んでしまう人がいます。

他人がつけた通信簿に振り回されないことが大切です。それは他人からの一つの見方にすぎないからです。

いい男は、本当の自分の強さも弱さも、己自身が知っていると悟っているのです。

泥の中だと思ったら、いったん立ち止まって、ゆっくりと歩いてください。

正当な評価を受けない足跡は、いつしか乾いて轍《わだち》となり、次にもっと強い、負けない意志を持った轍となります。

次に、そこから道——将来や未来の構想が生まれてくるのです。

その道こそ、自分の生命力のなせる、もっと強い自分の力がつくり上げた轍となっているのです。

強靭な体力と精神力が、今の社会には要求されることが多いのです。

自分にのしかかる大変なストレスから逃げないでほしいと思います。

つまずいても、自分なりの生き方があるからこそ、泥の中でも上向きの気持ちでいられるからです。

会社更正法を受けた中で、三代目に座ったオーナー企業のトップは、見事に会社を立て直しました。

ことあるごとに、経済誌のインタビューで、「すごいですね」と言われると、

「我が社は会社更生法を受けて一度は潰れた会社です。すごくはありません」

と謙虚にお答えになるのです。

大変なバッシングの中で会社を継いだに違いないのに、それを微塵も感じさせないで社業を伸ばす。

艶のある顔で豪快に笑うその紳士から、正直、しんどい時代を想像できませんでした。

43

再起にかけた男を、見てきて知った法則

再起に賭ける男を見ることがあります。

銀行に二度目の不渡りを出して、帝国データバンクに倒産情報が出た会社の社長に何度かお逢いしたことがあります。

やはり会社更生法の適用を受けましたが、赤字だった会社を三年間で黒字に転換させて、会社を軌道に乗せた四年目から銀座においでになりました。

自分の遊ぶお金と会社のお金は違うけれど、黒字が軌道に乗るまで銀座に出ないと決めたんだとおっしゃっていました。

「君から季節の挨拶の手紙をもらうたびに、もう一度がんばって銀座で遊ぼうと決めて、今日、四年目でやっと来れたよ」

と言われて、私は目頭が熱くなりました。

「いやー、大変だった」

とひと言だけで、今年から少しは遊べるんだと、うれしそうに話されていました。

もうダメだ、とあきらめなかったいい男の笑顔に、また出逢えたとつくづく思いました。そんな素敵な財界人に囲まれて幸せだと思いました。

敗軍の将となっても、再度チャレンジする勇気が一番大切なのです。

トライする気持ちがあれば、年齢や失敗した回数なんて関係ないのです。

潰れたときほど、ほとんどの人は人前に出たくないものです。

失敗したという色メガネで見られるときは、痛いほどのさびしさを感じるからです。

周りの目を気にせずに生きていく強さが、何度も立ち上がってくる男にはあります。

再起して立ち上がった人は、より一層、素敵な強さを持っています。転んでもただでは起きません。

心の中で、失敗のすべてが学習だった。これから復習して、さらに予習ができているから、今度はもっと上手くやれるという前向きな姿勢があれば、人は何度でも立ち上がれます。

その努力に他人は感動したり、手を差し伸べて救い出してくれる人が出てくるのです。

失敗をあきらめないで経験に変えたいい男は、潰れても必ず立ち直ります。最初の予想と違う形になっても、必ず世に出てくるものです。

辛抱から学ぶものがあります。

それができるかできないかで、大きな分かれ道となります。

誰にでも、ある日突然、転機が訪れますから、落ち込みすぎないで、いい友にエールを送ってもらうような気持ちでチャンスをうかがってください。

第7章
いい男は、いい女でつくられる

What Makes the Right Man Right?

44

いい男には、必ず影響を与えた女性がいる

いい男には、必ず影響を与えた女性がいるはずです。

お箸の使い方がちゃんとしている上に、人に対するありがとうの感謝の気持ちを心から言えるような男性は素敵です。

また、残念ながら、反面教師の母親もいるでしょう。

必ずしも、育ちがよくないから立身出世ができないとは限りません。苦労した分、経験に変えて、それを見せない、いい男もたくさんいます。

最後は自分にどこまで磨きをかけられるか、なのです。己《おのれ》自身を自分で支え続けて

きた人ほど、強靭な精神力を持っています。

その強靭な精神力は、簡単には手に入れることができません。

何事もなかったかのような柔和《にゅうわ》な笑顔の下に隠された人知れぬ苦労を口に出す人はなかなかいません。苦労を苦労と思わなかった方ほど、素敵な輝いた笑顔を持っているのです。

幼いころ亡くなって顔も覚えていない母親に思いを馳せる紳士が、私に、

「どうしても母性本能的なものを持っている子に惹かれてしまうんだ」

と言われたことがありました。母親の支えは、いてもいなくても大変大きな存在なのだと思いました。

いい男には必ず、そうさせた女性がいるはずです。例えば、かつてはお母様であったり、素敵な祖母だったり、時には先生だったり、先輩だったりします。

いい男には、どんなに豪快に見えても品があります。

品がある人というのは、やはり、どこか違うものです。それを幼いときになんとなく身につけさせてもらえれば最高です。

でも、後からでも努力次第でついていくものです。

いい女には、包み込むやさしさがあります。すべてを許してくれるような、感情の起伏がなだらかで、まるで悟りを開いているかのような。

私は観音菩薩様のやさしさと、キリストのマリアのやさしさには共通点があると思うのです。

救いを求めて、いや、ただなんとなく、見ているだけで心が落ち着いてホッとさせてくれる人や、安息の日々を、いい女は、いい男に持たせることができます。

ある会社を経営する働き盛りの男性が残念ながらガンに倒れました。彼の三〇代での早すぎた進行性のガンに、がんばりましょうと励まし続けたのは、彼の糟糠《そうこう》の奥様でした。

「最善をつくして、社会復帰して、また仕事をがんばりましょう。それまでは私が中継ぎをしますから」

と言われて、彼はやはりこの女性しかいなかったと思ったそうです。

そして、目の回るような忙しさに巻き込まれた彼女は、その忙しさの中でも笑みを絶やさなかったと言います。

「自分は彼女から、生きる生命力と、ピンチを切り抜ける強さを学んだんだ」と言われて、「素敵な女性に出逢えてよかったですね。日ごろの銀座での遊びとも言える行いを悔い改めて、退院後は奥様につくしてくださいね」と私は言いました。

人は人に支えられているのです。

いい男は、いい女でつくられるのです。

45 四面楚歌に見えても戦う男が周りにいますか

男が一番影響を受けるのは、やはり父親の後ろ姿でしょう。

どうしようもない父親なら、自分は早くから男の勉強をしたと思うべきなのです。オヤジの背中から学ぶものは、言葉では言い表せないものがあります。ある大学病院のお医者さまが、大学の医学部の教授のことを、自分を育ててくれた父親以上に尊敬しているのだと話されたことがありました。

父親でもない他人の生き方や精神に感銘して、違う観点から物事や人を見ることがあります。

光源氏から男気を感じる女性がいないのに、いまだに多くの女性があこがれるのはあの、好きならば、どんな障害も乗り越えていくという決意です。責任感はなくても、サディスティックなまでに愛に生きた人生にうらやましさを感じるからです。

何か一つでも、自分はこれを一生懸命やりました、という気持ちがあれば、それが自信につながり、男らしくなっていくのだと思います。

男性が歴史上の人物伝や、戦国武将の物語を読むのもわかるような気がします。そこから光を受けようとするからです。

四面楚歌のように見えても、堂々と戦う男たちから学ぶものは、とても深いものがあります。

勝負強い男は、いつまでも男として燃えているものがあるのです。

そして、黙って童心に帰ったような笑顔でピンチを切り抜けて、男は生まれ変われるのです。

46 男を育てるいい女の見抜き方

いい女が現れないと嘆く前に、男は自分にそれだけの価値があるかどうかを考えましょう。

どこから見ても魅力満点なら話は別ですが、それよりまず、価値観が同じ人を探すことが大切だと思います。

同じ映画を見て、泣ける場所が一緒だったり、好きなセリフが同じだったりすることだけではありません。

つき合ってみて、生活してみて、初めてわかることもあります。

一輪挿しのやさしさに同じように感銘してくれる人、なにげない四季の移り変わりを一緒に楽しめる人、金銭感覚が似ている人と一緒にいると無理がないので、いい関係が築いていけるのです。

価値観だけを無理に変えてみたって、いきなり急ブレーキがかかってしまうのです。いい女は、陰に日向に、お互いを支え合える人なのです。

裏表のない、潔い女を選んでみてください。

47 いい男をつかまえる女のちょっとした気遣い

えっ、と誰でもが思う電撃的交際や結婚があります。

自然体で相手を思う気持ちにさせるのか、似たような笑顔をしています。

いい男も、いい女も、ある意味、ストレートに相手の懐に入っていけるのでしょう。深くつかんだ根っこが一緒なら、どんな困難も乗り越えることができる最高の出逢いの人なのです。

愛情は、やがて人情になります。情のある人ほど、情のある人間が周りに集まってきます。

いい男は、女の真心に弱いものです。お金で買えないものを相手に見せてあげて、がんばってみてください。

例えば、相手の体調を思いやるメールや、お疲れさまといった息抜きの言葉で、人はずいぶん救われることがあります。

自分の相手に対する思いは、時間がかかるかもしれませんが、必ず伝わります。たとえ伝わらなかったとしても、いつの日か、恋愛ではなく、形を変えて、信頼関係でつながる可能性もあります。

一日一日を、精いっぱい生きることが大切なのです。

人は誰でも、他人から評価を受ける厳しい生き物です。でも、必ず評価をしてくれる人がいるのです。あきらめないでください。

私の座右の銘は「NEVER GIVE UP」です。

自分主義的な考え方をやめて、一つ深呼吸して、周りを見てください。

昨日よりも、もっと素敵な出逢いがあるかもしれません。それに気がつくことです。

48 いい男といい女の共通点

いい男は、誰が見てもいい男です。

だから、いろんな人や情報が寄ってくるのです。

それにいちいち目くじらを立てる必要はないのです。

いい男は、本当に大切なものが何かがすでにわかっているのですから。

堂々としていればいいのです。それで彼の器をもっと大きく見せることができるからです。

相手を本当に信用して、絶対的に信じてくれる人になってください。

お互いに、時間の経過とともに多少のほころびが出ることもあるでしょう。でも、大局的な流れが大丈夫ならばいけるはずなのです。

いろんな道のりがこれから始まるのですから。

今の時代の流れに飲み込まれずに生きて、生き抜くことが大切なのです。

いい操縦法は、助手席にはなぜかいつも自分がいて、なんだか楽しいね、が一番だと思います。

誰だって、一人より二人のほうが楽しいはずです。

あとがき

「どんな人が好きですか？」と言われることがあります。

その質問に、いつも「自分みたいな人」と答えます。

打算的ではなくて、ストレートな潔さを持った人は、ある意味で生き方が下手かもしれません。つまずく回数も多いはずです。

転ぶことから、自分なりの変化球を投げることを学ぶことができるからです。

だから、ある程度の経験を積むと、自分でも驚くほどの強さを発揮してくるものです。

そこに、自分だけの生き方があります。

いい男には、結果としていい人生があるのです。

でも、上手に生きる必要はないと思っています。生きてるって感じられる新鮮な気持ちを持ち続けることのほうが大切だと思います。

あなたに逢えてよかったと、思えるいい男の条件を並べました。

こんな人に逢いたいという気持ちをいつまでも忘れなければ、きっと出逢いはあるはずです。

寂しさと焦りを乗り越えて、いい男に出逢ってください。

挫折と苦労を乗り越えて、いい男になってください。

二〇〇三年九月吉日

ますい志保

本書は書き下ろしです

著者紹介

ますい志保（ますい しほ）

銀座の会員制クラブ「ふたご屋」のママ。1968年、横浜市生まれ。明治大学文学部在学中に銀座デビュー。卒業後、プロのホステスとなり、3年後に双子の妹であるますいさくら氏と「ふたご屋」を開店。抜群の経営手腕を発揮し、現在は4店鋪、在籍ホステス120人を抱え、年商3億円まで拡張。

2003年5月子宮ガンを宣告され、手術。ガンと闘うひたむきな姿は大きな反響を呼んでいる。この本は、1万人の政財界エリートと接してきた著者が、ガン手術後、初めて「いい男とは何か」を綴った一冊になる。

主な著書に、『銀座ママが明かす お金に好かれる人、嫌われる人のちょっとした違い』がある。

いい男《おとこ》の条件《じょうけん》

2003年10月10日 第1刷
2004年1月1日 第10刷

著者 ますい志《し》保《ほ》
発行者 小澤源太郎
発行所 株式会社 青春出版社

東京都新宿区若松町12番1号 〒162-0056
振替番号 00190-7-98602
電話 編集部 03(3203)5123
営業部 03(3207)1916

印刷 堀内印刷 製本 大口製本

万一，落丁，乱丁がありました節は，お取りかえします。

ISBN4-413-02167-3 C0095